500 SENTENCES
MASTER

별책해설집

천일문 완성 천일비급

HOW TO STUDY

천일비급 학습법

① **학습 계획을 세운다. (비급 p. 4~5)**

하루에 공부할 양을 정해서 천일문 학습을 끝까지 해낼 수 있도록 합니다.

See the Trees	구조·구문편 | 나무를 보라			
CHAPTER	**UNIT**	**PAGE**	**학습 예정일**	**완료 여부**
01 주어·동사 찾기	01 주어의 형태	7	7/12	✔
	02 문장 앞 부사구와 주어의 구별	9	7/13	✔
	03 명사구 주어의 의미 범위	12	7/14	✔
	04 명사절 주어의 의미 범위	15	7/15	✔

② **본책 학습과 병행하여 확인하고 보충한다.**

❶ 직독직해 연습
본책을 학습하면서 **끊어 읽은 부분(/)**과 **해석**해본 것을 비급 내용과 대조해 봅니다.

❷ 구문 확인
학습한 구문이 **굵은 글씨** 또는 *기울여서* 표시되어 있으므로 이를 확인합니다.

004 (Many talented) twentieth century writers / have been overshadowed by classical writers (such as Charles Dickens and William Shakespeare).

　　　　　　　　　　　　　　S　　　　　　　　　　　　　　　　　　V

(많은 유능한) 20세기 작가들이 / 고전 작가들에 가려져 왔다
(찰스 디킨스와 윌리엄 셰익스피어와 같은).

✔ 형용사인 many와 talented가 주어 twentieth century writers를 수식하는 구조이다.
✔ A be overshadowed by B: A가 B에 가려지다

❸ 보충 해설 학습
✔ 표시 뒤에는 학습 포인트가 되는 구문 및 문장에 실린 다른 주요한 내용을 간단명료하게 해설해 놓았습니다.

③ **MP3 파일을 들으며 리스닝 훈련을 한다.**

원어민의 발음을 익히고 리스닝 실력까지 키우도록 합니다. (본책 유닛명 오른쪽의 QR코드를 스캔하면 MP3를 들을 수 있습니다.)

Point 2 ▶ 천일비급에 쓰이는 기호

기본 사항 | ···

000	기본 예문	**p.p.**	과거분사	**C**	보어
000	고난도 예문	**v**	동사원형 · 원형부정사	**M**	수식어
=	동의어, 유의어	**S**	주어	**A**	부사적 어구
↔	반의어	**V**	동사	**/, //**	끊어 읽기 표시
( )	생략 가능 어구 또는 삽입어구	**O**	목적어		
[ ]	대체 가능 어구	**IO**	간접목적어		
to-v	to부정사	**DO**	직접목적어		
v-ing	동명사 또는 현재분사				

글의 구조 이해를 돕는 기호들 | ···

( )	앞의 명사를 수식하는 형용사구, 준동사구
[ ]	선행사를 수식하는 관계사절
●	관계사절에서 원래 명사가 위치했던 자리
∨	어구가 생략된 자리
S′	종속절의 주어/진주어
V′	종속절 · 준동사구 내의 동사
O′	종속절 · 준동사구 내의 목적어/진목적어
C′	종속절 · 준동사구 내의 보어
M′	종속절 · 준동사구 내의 수식어
S₁(아래첨자)	중복되는 문장 성분 구분

기호 사용의 예 | ···

Healthy eating is really important // if you want to become fit and healthy.
          S   V   C   S′ V′   O′

(to become fit and healthy의 to부정사구는 if가 이끄는 부사절 내의 목적어(O′) 역할을 하고, to부정사구 내의 to become은 동사(V′)
역할, fit and healthy는 보어(C′) 역할을 한다는 뜻)

일러두기 | ···

● 해석은 직역을 원칙으로 하였고, 직역으로 이해가 어려운 문장은 별도로 의역을 삽입함.
● 본 책에서의 끊어 읽기 표시는 문장의 구조 분석을 위한 의미 단위를 기준으로 함.
  (원어민이 문장을 말할 때 끊는 부분(pause)과는 일치하지 않을 수 있음.)
  어구의 끊어 읽기는 / 로 표시하고, 구조상 보다 큰 절과 절의 구분은 // 로 표시함.

CONTENTS & SCHEDULE

See the Trees 구조 · 구문편 | 나무를 보라

CHAPTER	UNIT	PAGE	학습 예정일	완료 여부
01 주어 · 동사 찾기	**01** 주어의 형태	7		
	02 문장 앞 부사구와 주어의 구별	9		
	03 명사구 주어의 의미 범위	12		
	04 명사절 주어의 의미 범위	15		
02 수식어구 뒤의 동사 찾기	**05** 주어 뒤 수식어구의 여러 형태	18		
	06 〈주어+긴 수식어구〉 뒤의 동사 찾기	20		
	07 〈주어+여러 수식어구〉 뒤의 동사 찾기	23		
	08 동사 자리, 준동사 자리	25		
03 명사 뒤 수식어구로 인한 문제들	**09** 명사 수식어 자리	29		
	10 목적어 뒤의 목적격보어 찾기	31		
	11 명사 뒤의 여러 수식어구	34		
	12 수식어구의 범위	36		
04 문장 구조 파악을 어렵게 하는 것들	**13** 삽입절을 포함하는 관계사절	40		
	14 착각하기 쉬운 단어의 역할	42		
	15 부사의 자유로운 위치	44		
	16 분사구문의 특이한 형태	47		
05 생략이 일어난 문장 구조 이해하기	**17** 생략 · 공통구문	50		
	18 생략구문	52		
	19 접속사 · 관계사의 생략	55		
	20 if 또는 if절이 생략된 가정법	57		
06 어순에 주의해야 하는 구문	**21** 어순 변화	60		
	22 문장 앞으로 이동	62		
	23 문장 뒤로 이동	65		
	24 이미 아는 정보+새로운 정보	68		
07 병렬구조를 파악하기 어려운 이유	**25** 병렬구조	71		
	26 연결어구의 후보가 두 개 이상인 문장	73		
	27 등위접속사가 여러 개인 문장	76		
	28 등위접속사 뒤의 삽입어구에 주의하라	79		

CHAPTER	UNIT	PAGE	학습 예정일	완료 여부
08 비교구문에서 정확히 이해해야 할 것들	**29** 비교구문	83		
	30 as ~, than ~ 이하의 반복어구 생략	85		
	31 비교 대상의 생략	88		
	32 유의해야 할 비교급 구문	90		
09 아는 것 같지만 한 번 더 생각해야 하는 구문	**33** 대명사 it, they, this, that	93		
	34 숨어 있는 가정법	95		
	35 부정구문	98		
	36 인과/선후를 나타내는 수동태 표현	100		

Move Forward 구조 · 구문편 | 길고 복잡한 문장에 대처하라

CHAPTER	UNIT	PAGE	학습 예정일	완료 여부
10 과감히 건너뛰고 적극적으로 예측하라	**37** 부연 설명은 건너뛰어라	105		
	38 예시, 동격	107		
	39 정보 추가 vs. 강조	110		
	40 비교, 대조를 나타내는 연결어	112		
11 구문의 짝을 찾아라	**41** it ~ to-v[that]	115		
	42 짝을 이루는 접속사	117		
	43 짝을 이루는 대명사 · 부사	120		
	44 특정 전명구를 동반하는 동사	122		
12 길고 복잡한 문장의 해결	**45** 관계사절이 여러 개 들어간 복잡한 문장	125		
	46 비교구문과 결합한 복잡한 절	127		
	47 특수구문과 결합한 복잡한 절	130		
	48 50단어 내외의 긴 기출 문장	133		

See the Trees

구조 · 구문편 | 나무를 보라

CHAPTER 01   주어 · 동사 찾기

CHAPTER 02   수식어구 뒤의 동사 찾기

CHAPTER 03   명사 뒤 수식어구로 인한 문제들

CHAPTER 04   문장 구조 파악을 어렵게 하는 것들

CHAPTER 05   생략이 일어난 문장 구조 이해하기

CHAPTER 06   어순에 주의해야 하는 구문

CHAPTER 07   병렬구조를 파악하기 어려운 이유

CHAPTER 08   비교구문에서 정확히 이해해야 할 것들

CHAPTER 09   아는 것 같지만 한 번 더 생각해야 하는 구문

UNIT 01 주어의 형태

001 Higher education (in today's challenging global economy) must emphasize //
<u>S</u> <u>V</u>

that **practical and liberal education** are tightly coupled, / and that **students'**
S'₁ O₁ O₂

academic, developmental, and experiential lives are entwined. — 모의응용
S'₂

(오늘날의 힘든 세계 경제에서) 고등 교육은 강조해야 한다 //
실무 교육과 일반교양 교육이 밀접하게 연결되어 있다는 것을 / 그리고 학생들의
학업상의, 발달상의, 그리고 경험상의 삶이 서로 얽혀있다는 것을.

QUESTION Higher education ~ global economy, practical and liberal education, students' ~ lives
(위의 구문해설 참고)

✔ must emphasize의 목적어 역할을 하는 두 개의 that절이 등위접속사 and로 병렬 연결되었다.

002 Integrating everyday parts of your life / with what you learn from books and
S

school lessons / makes your education richer and more meaningful.
V O C

삶의 일상적인 부분을 통합하는 것은 / 책 그리고 학교 수업에서 배우는 것과
/ 당신의 교육을 더 풍부하고 더 의미 있게 만든다.

QUESTION Integrating everyday ~ school lessons

✔ 주어는 동명사구(Integrating ~ school lessons)로, 동명사구 주어는 단수 취급하므로 단수동사 makes가 쓰였다.
✔ 주부의 what you learn ~ school lessons는 전치사 with의 목적어 역할을 하는 관계대명사절이다.

003 What I love more than anything else / when I'm writing articles // is knowing /
S V

that somebody wants to read / what I'm writing.

내가 그 어떤 것보다 더 좋아하는 것은 / 글을 쓸 때 // 아는 것이다 /
누군가가 읽고 싶어 한다는 것을 / 내가 쓰고 있는 것을.

QUESTION What I ~ articles

✔ 주어 What I ~ articles는 선행사를 포함하는 관계대명사 what이 이끄는 관계대명사절이다.

004 (Many talented) twentieth century writers / have been overshadowed by classical
S V

writers (such as Charles Dickens and William Shakespeare).

(많은 유능한) 20세기 작가들이 / 고전 작가들에 가려져 왔다
(찰스 디킨스와 윌리엄 셰익스피어와 같은).

✔ 형용사인 many와 talented가 주어 twentieth century writers를 수식하는 구조이다.
✔ A be overshadowed by B: A가 B에 가려지다

005 <u>To take part equally in discussions</u> or <u>to have the same amount of influence on</u>
S

<u>decisions</u> / <u>becomes</u> <u>harder for everyone</u> (in larger groups). – 수능응용
V   C

논의에 동등하게 참여하거나 의사 결정에 동일한 영향력을 미치는 것은
/ 모든 사람에게 더 어려워진다 (규모가 더 큰 집단에서).

✔ 등위접속사 or로 연결된 2개의 to부정사구(To take ~ discussions, to have ~ decisions)가 주어이다. to부정사구 주어는 단수 취급하므로 단수동사 becomes가 쓰였다.

---

006 To ensure the safety of students [who use electric scooters on campus], / as well as

those around them, / **officials** <u>should look into</u> enforcing stricter regulations, (such as
S   V

giving students a warning // when they violate the regulations). – 모의응용

학생들의 안전을 보장하기 위하여 [대학 교내에서 전동 스쿠터를 이용하는], /
그들 주변의 사람들(의 안전)뿐만 아니라, / 관계자들은 더 엄격한 규정을 시행할 것을 검토해야 한다.
(학생들에게 경고를 주는 것과 같은 // 그들이 규정을 위반했을 때).

QUESTION officials

✔ to부정사구(To ensure ~ them)는 이 문장에서 '~하기 위하여'라는 목적의 의미를 나타내는 부사 역할을 한다.
✔ B as well as A: A뿐만 아니라 B도

---

007 As evolutionary scholar Henry Plotkin says, // gaining knowledge of the world / across

countless generations, / **organisms** conserve knowledge selectively (based on
S₁   V₁   O₁

evolutionary need), / and **that collective knowledge** is then held within the gene pool
S₂   V₂

of species. – 경찰대응용

진화학자 Henry Plotkin이 말하듯이, // 세계에 대한 지식을 얻으면서 /
셀 수 없이 많은 세대를 거쳐서, / 생물체들은 지식을 선택적으로 보존한다
(진화적 필요에 기반한), / 그리고 나서 그 집단적인 지식은 종들의 유전자 풀 안에 보관된다.
↳ 많은 세대에 걸쳐 세계에 대해 알게 되면서, 생물체는 진화에 필요한 지식을 선별적으로 보존하고, 그 집단적인 지식은 종의 유전자 풀 안에 있게 된다.

✔ gaining ~ generations는 '~하면서'라는 의미의 동시동작을 나타내는 분사구문이다.
✔ 문장의 주어는 organisms와 that collective knowledge이다.

F·Y·I 유전자 풀(gene pool): 번식 가능한 어떤 생물집단 속에 포함되어 있는 유전 정보의 총량을 의미하며, 유전자 풀의 변화는 생물 진화의 원인으로 본다.

---

008 <u>Whether I am a good son / daughter or not</u> // <u>depends</u> partly on the way [in which
S   V

I behave to my parents], / but partly, (and no less importantly), on the relationships
M

[I have with my siblings].

내가 좋은 아들 혹은 딸인지 아닌지는 // 부분적으로 방식에 달려 있다
[내가 부모님께 처신하는], / 그러나 부분적으로, (그리고 그에 못지않게 중요하게), 관계에 (달려 있다)
[내가 형제자매와 맺는].
↳ 좋은 아들/딸인지 아닌지는 내가 부모님께 어떻게 행동하느냐에도 달려 있지만, 그에 못지않게 나와 형제자매와의 관계에도 달려 있다.

✔ Whether가 이끄는 명사절(Whether ~ or not)이 문장의 주어이다. whether와 같은 의미(~인지 아닌지)를 갖는 접속사 if는 문장의 주어를 이끌 수 없다는 점에 유의한다.
✔ on이 이끄는 전명구 두 개가 but으로 병렬 연결되었으며, and no less importantly는 삽입된 수식어이다.

009 Whether companies buy or sell products across national borders, // **these businesses**
<u>부사절</u>　　　　　　　　　　　　　　　　　　　　　　　　　　　　　S

are all contributing to the volume of international trade [that is fueling the global
　　　 V

economy]. ‒사관학교응용

기업들이 국경을 넘어 제품을 사든 팔든, // 이 사업체들은
모두 국제 무역량에 기여하고 있다 [세계 경제에 활기를 불어넣고 있는].

✔ 이 문장에서 Whether ~ or ...는 양보의 부사절을 이끌어 '~이든 …이든'의 의미를 나타낸다.

---

010 **Whoever wants** / **music instead of noise,** / **joy instead of pleasure,** / **soul instead of**
　　　　S'　　V'
gold, / **creative work instead of business,** / **passion instead of foolery,** // finds no
　　　　　　　　　　　　　　　　　　　　　　　　　　　　　　　　O　　 V

home in this trivial world of ours. ‒Hermann Hesse ((헤르만 헤세, 소설가))

원하는 사람은 누구나 / 소음 대신 음악을, / (육체적) 쾌락 대신 기쁨을, / 금 대신 영혼을, /
(직장의) 일 대신 창조적인 일을, / 어리석음 대신 열정을, //
우리의 이 하찮은 세상에서 안식처를 찾을 수 없다. (→ 이 하찮은 세상에서 발붙일 곳이 없다.)

SUMMARY tough | 우리 세상에서는 의미 있는 삶을 사는 것이 어렵다.

✔ Whoever가 이끄는 복합관계대명사절이 문장의 주어이다. whoever는 '~하는 사람은 누구나(= anyone who)'의 의미를 나타낸다.

F·Y·I 헤르만 헤세(1877~1962)는 독일계 스위스인 소설가이자 시인으로 고뇌하는 청춘의 모습과 인간 내면의 양면성에 대한 통찰력 있는
묘사를 통해 휴머니즘을 지향했다. 주요 작품으로는 《수레바퀴 밑에서》(1906), 《데미안》(1919) 등이 있으며, 《유리알 유희》로 1946년 노벨문
학상을 수상했다.

UNIT 02 문장 앞 부사구와 주어의 구별

011 In an interactive, real-time strategy video game (set in the 26th century), / **hundreds**
　　　　　　　　　　　　M　　　　　　　　　　　　　　　　　　　　　　　　S
of thousands of players spend up to 80 hours a week / fighting inter-species battles
　　　　　　　　　　　　　　V

(for dominance and survival).

어느 쌍방향의, 실시간 전략 비디오 게임에서 (26세기를 배경으로 하는), /
수십만 명의 게이머들이 일주일에 80시간까지 보낸다 / 종족 간의 전투를 하면서
(지배와 생존을 위한).

QUESTION hundreds of thousands of players

✔ 문장을 시작하는 In부터 century까지는 전부 수식어구인 전명구 범위이며, 주어는 hundreds 이후부터 시작된다.
✔ fighting은 〈spend+A(시간, 노력 등)+(in) v-ing〉의 v-ing이며, 바로 앞의 a week을 수식하는 현재분사가 아님에 유의한다.

012 In a village [where the houses are all grouped closely together] / **fifty-three per cent**
　　　　M　　　　　　　　　　　　　　　　　　　　　　　　　　　　　　　　　　　　　S
of the visiting between families was on a daily basis, // whereas in a settlement
　　　　　　　　　　　　　　　　　　V　　　　　　　　　　　　접속사　　　　　　M
[where the houses are spread out] / **only thirty-four per cent of the visiting** was on
　　　　　　　　　　　　　　　　　　　　　　　　　　S'　　　　　　　　　　　　V'
a daily basis. – 사관학교응용

어느 마을에서는 [집들이 모두 가까이 모여 있는] /
가족들 간에 53%의 방문이 매일 있었다. (→ 53%의 가족들이 매일 방문했다.) // 반면 거주지에서는
[집들이 흩어져 있는] / 겨우 34%의 방문이 매일 있었다. (→ 34%의 가족들만 매일 방문했다.)

　　QUESTION ▶ 두 개의 절은 접속사 whereas 앞뒤에서 주절과 부사절로 나눈다. 각 절의 주어는 fifty-three ~ families,
only ~ visiting(위의 구문 해설 참고).
　　SUMMARY ▶ Distance | 거리는 상호작용의 비율을 결정하는 데 중요한 요인이다.

✔ 주절과 부사절 모두 전명구 뒤에 주어와 동사를 갖춘 절이 이어지는 구조이다. 두 개의 관계부사절(where ~ together, where ~ out)이
각각 선행사 a village와 a settlement를 수식한다.

---

013 Every year / **millions of young people** finish school / feeling full of confidence /
　　　　　M　　　　　　　　　　S　　　　　　　　　V₁
and arrive in the workplace / only to find out how much they don't know.
　　　　V₂

매년 / 수백만 명의 젊은이들이 졸업한다 / 충만한 자신감을 느끼며 /
그리고 직장에 들어가지만 / 결국 자신들이 얼마나 많이 모르는지를 알게 될 뿐이다.

　　QUESTION ▶ millions of young people

✔ feeling full of confidence는 동시동작을 나타내는 분사구문이다.
✔ only to-v는 '결국 v할 뿐'이라는 의미로 의외 또는 실망의 결과를 나타낸다. 하지만 only to-v가 항상 결과만 나타내는 것은 아니며, only가
목적을 나타내는 to-v를 강조하는 경우로 쓰일 수도 있다.
　e.g. She studied hard **only to get** a scholarship. 그녀는 **오직** 장학금을 **받기 위해** 열심히 공부했다. ((목적))
✔ how much 이하는 find out의 목적어 역할을 하는 명사절이다.

---

014 Due to lack of understanding (of cultural differences in expression), / **interpretation of**
　　　S
nonverbal behavior may be inaccurate / in addition to verbal communication.
　　　　　　　　　　V

(표현에 있어서 문화적 차이에 대한) 이해가 부족하기 때문에, /
비언어적 행동에 대한 해석이 부정확할 수도 있다 / 언어적 의사소통 외에도.

　　QUESTION ▶ inaccurate
해설 | 의사소통 표현의 문화적 차이에 대한 이해의 부족은 비언어적 행동에 대한 해석의 '부정확함'을 가져올 수 있다는 문맥이 적절하다.

---

015 In spite of the impressive gains of environmental regulation, / **new and more subtle**
　　　　　　　　　　　　　　　　　　　　　　　　　　　　　　　　　　　　　S
sources of pollution and **better methods of detection** / have made us / aware of the
　　　　　　　　　　　　　　　　　　　　　　　　　　　　　　　V　　　O　　　C
broad scope of our pollution problems.

환경 규제의 인상적인 소득에도 불구하고, / 새롭고 더 감지하기 어려운
오염원과 더 나은 탐지 방법은 / 우리가 ~하게 했다 /
넓은 범위의 오염 문제를 인식하게.
↳ 환경 규제에 인상적인 소득이 있지만, 새롭고 더 감지하기 어려운 오염원과 더 나은 탐지 방법으로 인해 우리는 오염 문제를 더 넓게 인식하게
되었다.

✔ SVOC 문형의 목적격보어로 형용사구가 쓰였다.

016 With access to a whole range of discounts (on numerous facilities), (including a sports center, a health center, theaters and museums), / <u>**students**</u> can <u>save</u> <u>a good amount of</u> money.
                                           S   V   O

전반적인 할인 혜택을 받을 수 있어서 (수많은 시설에 대한), (스포츠 센터,
의료 센터, 극장 및 박물관을 포함한), / 학생들은 상당한 비용을 절약할 수 있다.

✔ 긴 전명구 With ~ museums 뒤에 주어, 동사를 갖춘 절이 이어지는 구조이다.
✔ 전명구 including ~ museums가 삽입되어 numerous facilities를 부연 설명한다.

---

017 During the 18th century / **the majority of industries in Europe** still <u>relied</u> on wind
                                                       S   V

and water power / as well as horse and man-power / to drive their small machines.

18세기 동안 / 유럽 대부분의 산업은 여전히 풍력과 수력에 의존했다
/ 마(馬)력과 인력뿐 아니라 / 소형 기계를 구동하는 데.

---

018 In the developed world / **the widespread use of water-based toilets (from the mid-nineteenth century)** <u>meant</u> // that **extensive, connected systems of sewage pipes (sending the outflow into sewage processing plants)** / <u>were built</u> in cities. – 사관학교

선진국에서 / (19세기 중반부터의) 수세식 화장실의 널리 보급된 사용은
의미했다 // 대규모의, 연결된 하수관의 시스템이
(유출물을 하수 처리 공장으로 보내는) / 도시에 건설되었다는 것을.

✔ that 이하의 명사절이 meant의 목적어 역할을 한다. sending ~ plants는 that절의 주어인 extensive ~ pipes를 수식하는 현재분사구이다.

---

019 One morning, / **I** <u>was</u> suddenly <u>disturbed</u> by a fire alarm, (mingled with the shouts and footsteps of people).
                    S   V

어느 날 아침, / 나는 화재 경보에 갑자기 불안해졌다. (사람들의 고함 소리와 발소리와 섞인).

✔ One morning은 명사 형태지만 여기서는 시간의 의미를 나타내는 부사구이다.
✔ mingled with ~ people은 앞의 명사 a fire alarm을 수식하는 과거분사구이다.

---

020 Each time **you** encounter something new, (such as a new piece of music or a new
                   S′   V′

language), // **your brain** <u>tries</u> to record <u>as much information as possible</u>, / paying closer
                 S   V   O

attention to it.

여러분이 새로운 것을 접할 때마다, (새로운 음악이나 새로운 언어와 같은),
// 여러분의 뇌는 가능한 한 많은 정보를 기록하려고 한다, /
그것에 더 세심한 주의를 기울이며.

TOPIC unfamiliar | 낯선 정보를 접할 때 우리의 뇌가 어떻게 반응하는가

✔ each time은 명사 형태지만 여기서 '~할 때마다'라는 의미의 시간의 부사절을 이끄는 접속사로 쓰였다.
✔ paying ~ it은 동시동작을 나타내는 분사구문이다.

021 Seeing only the good in one's own actions $\boxed{and}$ the bad in those of others / is
_{S₁} _{V₁}
a common human weakness, // and validating only the positive or negative
_{C₁} _{S₂}
aspects of the human experience / is not productive. – 사관학교
_{V₂} _{C₂}

자기 자신의 행동에서 좋은 점만 보고 다른 사람의 행동에서 나쁜 점만 보는 것은 /
인간의 공통적인 약점이다. // 그리고 인간 경험의 긍정적인 측면이나 부정적인 측면만 확인하는 것은
/ 생산적이지 않다.

QUESTION 두 개의 SVC 문형을 연결하는 and 앞에서 두 개의 절로 나눈다. 각 절의 주어는 위의 구문 해설 참고.

✔ 동명사구인 Seeing ~ others와 validating ~ experience가 각 절의 주어이고, 동명사구는 단수 취급하므로 단수동사 is가 쓰였다.

022 To imagine // that the Arab World is a giant desert (with cities and villages
_S _S _V
(scattered randomly throughout)) / would be like saying // that the United States
_V _C _{S'}
is made up of country towns (run by cowboys). – 모의응용
_{V'}

상상하는 것은 // 아랍 세계가 거대한 사막이라고 (도시와 마을이 있는
(일정하지 않게 사방에 흩어진)) / 말하는 것과 같을 것이다 // 미국이
시골 마을로 이루어져 있다고 (카우보이들에 의해 관리되는).

QUESTION To imagine ~ randomly throughout
SUMMARY incomplete | 사람들은 아랍 세계에 대한 불완전한 그림을 가지고 있다. (→ 아랍 세계의 모습에 대해 정확히 알고 있지 않다.)

✔ To imagine의 목적어에 해당하는 that절 내의 동사 is나 과거분사인 scattered를 문장 전체의 동사로 착각하지 않도록 주의한다.
✔ a giant desert는 전명구 with cities and villages의 수식을 받으며 여기서 cities and villages도 뒤의 과거분사구 scattered ~ throughout의 수식을 받는다.
✔ 문장의 보어 자리의 like는 전치사, saying ~은 전치사의 목적어인 동명사구이다. 여기서 saying은 that절을 목적어로 갖는데, that절의 동사는 구동사의 수동태 형태인 be made up of(~로 이루어져 있다)임에 주의한다.

023 Making a coin disappear from a glass / is a simple but brilliant magic trick
_{V'} _{O'} _{C'} _V _C
_S
[that always leaves the audience astounded with surprise and delight].
_{V'} _{O'} _{C'}

유리잔에서 동전을 사라지게 하는 것은 / 간단하지만 놀라운 마술이다
[항상 관객을 놀라움과 즐거움으로 깜짝 놀란 상태로 두는].

QUESTION Making a coin disappear from a glass

✔ 주어인 동명사구(Making ~ a glass) 내의 목적격보어인 원형부정사 disappear를 문장 전체의 동사로 착각하지 않도록 주의한다.
✔ that 이하는 선행사 a simple ~ magic trick을 수식하는 주격 관계대명사절이다. 관계사절 내에서 '~을 …한 상태로 두다'라는 의미의 〈leave+O+C〉 구문이 쓰였다.

024 To have faith in the possibility of love / as not only an exceptional-individual
<u>S</u>

phenomenon but also a social phenomenon, / is a rational faith (based on the
V   C

insight (into the very nature of man)). – Erich Fromm ((美 사회심리학자))

사랑의 가능성에 믿음을 가지는 것은 / 예외적으로 개인적인
현상일 뿐만 아니라 사회적인 현상으로서도 / 합리적인 믿음이다 (통찰력에 기초한
(인간의 본성 자체에 대한)).

    ↳ 사랑이 예외적이고 개인적인 현상일 뿐 아니라 사회적으로도 가능하다는 믿음을 가지는 것은 인간 본성에 대한 통찰력에 기초한 합리적인
      믿음이다. 즉, 인간의 본성에는 개인적 차원의 사랑만이 아니라 더 큰 사회적 차원의 사랑(보편적인 인류애 등)의 가능성도 있다는 의미.

✔ to부정사가 이끄는 긴 구가 주어 역할을 하며, 전치사 as(~로서)가 이끄는 전명구에 〈not only A but also B(A뿐만 아니라 B도)〉 구문이
  포함되어 있다.

---

025 <u>Reading speed</u> <u>is</u> <u>important</u>, // but <u>being able to think straight / about what you</u>
     S₁   V₁   C₁   S₂

<u>read</u> / is far more valuable.
 V₂   C₂

독서 속도는 중요하다. // 그러나 논리적으로 사고할 수 있는 것이 / 당신이 읽는 것에 대해
/ 훨씬 더 가치 있다.

✔ what you read는 전치사 about의 목적어 역할을 하는 관계명사절이다.
✔ 여기서 far는 비교급을 강조하는 부사로 '훨씬'의 의미를 나타낸다.

---

026 After a stressful day, / <u>relaxing in a comfortable chair, putting on some soothing</u>
                                                S

<u>sounds, and reading something (light and entertaining)</u> / <u>are</u> <u>all good methods</u>
                                            V   C

(to get ready for some restful sleep). – 모의응용

스트레스가 많은 하루를 보낸 후, / 편안한 의자에서 휴식을 취하고, 마음에 안정을 주는 소리를 틀고,
(가볍고 재미있는) 무언가를 읽는 것은 / 모두 좋은 방법이다
(편안한 수면을 준비하는).

✔ 주어 부분은 세 개의 동명사구(relaxing ~, putting ~, reading ~)가 등위접속사 and로 병렬 연결된 구조이다.
✔ 명사구나 명사절 주어는 단수 취급하여 단수동사를 쓰지만, and로 나열되었거나 복수 개념일 때는 복수동사를 쓴다.
✔ 형용사구 light and entertaining이 something을 뒤에서 수식하고, to부정사구 to get ~ sleep이 good methods를 수식한다.

---

027 <u>Creating an environment [where learning and its natural by-product, mistakes,</u>
                 S   =

<u>are okay]</u> / can be a potent tool (to unite a group and inspire creativity, risk-taking,
             V   C

and effort). – 사관학교응용

환경을 만드는 것은 [학습과 그것의 자연스러운 부산물인 실수가
허용되는] / 강력한 도구가 될 수 있다 (집단을 결속하고 창의성, 위험 감수, 노력을 격려하는).

SUMMARY permits | 구성원이 실수를 하게 허용하는 집단은 더 긍정적 결과를 얻는다.

✔ 주어인 동명사구(Creating ~ okay) 내에서 관계부사절(where ~ okay)이 선행사 an environment를 수식하는 구조이다.
✔ 형용사적 용법의 to부정사구(to unite ~ effort)가 앞의 명사 a potent tool을 수식한다.

028 Because humans consider themselves / the highest form of life and therefore better
_{S'} _{V'} _{O'} _{C'₁}
than any other animal, // **showing animals (speaking and behaving like humans /**
_{C'₂} _{O'} _S
in movies and books) / is a useful satirical tool (to show human behavior to be more
_V _{V'} _{O'} _C
animal-like // than we like to admit).
_{C'}

인간은 자신을 (~라고) 여기기 때문에 / 가장 상위의 생명체이고 그러므로
다른 어떤 동물보다 우월하다고, // 동물을 보여주는 것 (인간처럼 말하고 행동하는 /
영화와 책에서) / 유용한 풍자 도구이다 (인간의 행동이 동물과 더 닮았다는 것을 보여주는
// 우리가 인정하고 싶어 하는 것보다).

FILL-IN ②
해설 | 인간처럼 행동하는 동물을 보여줌으로써 인간의 행동을 '풍자한다'라는 내용이 문맥상 적절하므로 정답은 '풍자적인'이라는 의미의
satirical이다. complimentary는 '칭찬하는' 또는 '무료의'의 의미이다.

- Because가 이끄는 부사절이 먼저 나오고, 이어서 showing이 이끄는 동명사구 주어가 등장한다. 동명사구 내의 speaking ~ books는
showing의 목적어인 animals를 수식하는 현재분사구이다.
- 주절의 보어 자리의 to show ~ admit은 명사 a useful satirical tool을 수식하는 to부정사구이다.

---

029 **A background check of new employees (acquired from acquaintances or**
_S
coworkers of their previous company) (depending on their responsibilities in the
job [∨ they are filling]) / is a common practice.
_V _C

신규 직원의 배경(신원) 조사는 (지인 또는
그들의 이전 회사 동료에게서 얻는) (그들의 직무상의 책임에 따라
[그들이 수행하고 있는]) / 일반적인 관행이다.

QUESTION acquired
해설 | 문장의 동사는 뒤에 등장하는 is이며, 지인 또는 이전 회사 동료에게서 '얻는' 배경 조사라는 의미로 명사를 수식하는 준동사 자리이
므로 과거분사 acquired가 적절하다.

- 과거분사구(acquired ~ company), 전명구(depending ~ filling), 관계사절(they are filling)이 동반되어 길어진 명사구가 주어이고,
동사는 is이다.
- ∨ 자리에는 the job을 선행사로 하는 목적격 관계대명사 that[which]이 생략되었다.

---

030 **Watching friends struggle / before they ask for help / may be hard, // but it's much**
_{S₁} _{V₁} _{C₁} 가주어(S₂)
better / to be patient |and| **∨ make sure / that your door is always open.**
진주어(S'₂)

친구들이 힘들어하는 것을 지켜보는 것은 / 그들이 도움을 요청하기 전에 / 힘들 수도 있다. // 하지만 훨씬 더 좋다
/ 인내심을 갖고 확실하게 하는 것은 / 여러분의 문이 항상 열려 있음을.

- 주어인 동명사구 Watching friends struggle은 〈지각동사(watch)+O+C(동사원형)〉 구문이 쓰였다.
- 두 개의 진주어 to be patient와 make sure that ~이 병렬 연결된 형태이다. ∨자리에는 반복되는 to가 생략되었다.

명사절 주어의 의미 범위

031 What are regarded today as irrational activities (such as magic, astrology, and

S

alchemy) // were practiced by people [whose scientific credentials leave no doubt /

V

as to their "rationality."] For example, / Isaac Newton was one of the most famous

alchemists / of all time.

오늘날 비이성적인 활동으로 여겨지는 것들이 (마법, 점성술, 연금술과 같은)
// 사람들에 의해 행해졌다 [과학적 자격이 의심할 여지가 없는 /
그들의 '합리성'에 관해서]. 예를 들어, / 아이작 뉴턴은 가장 유명한 연금술사 중 한 명이었다 / 역사상.

QUESTION What are regarded today as irrational activities such as magic, astrology, and alchemy
QUESTION irrational
해설 | 마법, 점성술, 연금술 등은 오늘날 '비이성적인' 활동으로 여겨진다는 문맥이 적절하므로, 정답은 irrational이다. rational은 '이성적인' 이라는 의미이다.

✔ 선행사를 포함하는 관계대명사 what이 이끄는 관계사절이 첫 번째 문장의 주어이다. 여기서 what은 the things which[that]의 의미를 갖는다.

032 Whoever acquires knowledge / but does not practice it // is as one [who plows but

S

V C

does not sow].

누구든 지식을 습득한 / 그러고도 그것을 실행하지 않는 사람은 // 사람과 같다 [밭을 갈지만
씨를 뿌리지 않는].

QUESTION Whoever acquires knowledge but does not practice it
TOPIC action | 행동의 중요성

✔ Whoever = Anyone who
✔ 여기서 as는 '~와 같은'이라는 의미의 전치사로 쓰였으며, 전명구가 보어 역할을 하는 구조이다.

033 What lies behind us and what lies before us // are tiny matters / compared with /

S₁

S₂

V

what lies within us. – Ralph Waldo Emerson ((美 시인))

우리 뒤에 있는 것과 우리 앞에 있는 것은 // 아주 작은 문제들이다 / ~와 비교하여 /
우리 안에 있는 것과.
↳ 우리 뒤에 있는 것은 과거의 경험 및 역사를, 우리 앞에 있는 것은 다가올 도전과 기회 등을 가리킨다. 우리 안에 있는 것은 우리 자신의 정신
력과 성격, 신념 등을 가리키므로, 결국 우리를 둘러싼 상황은 우리의 본질에 비해 덜 중요하다는 의미.

✔ 세 개의 what은 모두 관계대명사이다. (= the thing which)
✔ lie(-lay-lain: 눕다, 놓여있다) vs. lay(-laid-laid: ~을 놓다, 눕히다; (알을) 낳다)
✔ compared with[to] A: A와 비교하여

034 As "someday" is a disease [that will take your dreams to the grave with you], // **whatever you consider important to you** / **and** **you want to do "eventually"** /
S₁

is worth doing, // so just do it / and correct course along the way. —모의응용
V₁   V₂   V₃

'언젠가'라는 말은 질병이므로 [당신의 꿈을 당신과 함께 무덤으로 가져갈]. (→ '언젠가'라는 말로 당신의 꿈을 미루면 이룰 수 없으므로) //
당신이 자신에게 중요하게 여기는 모든 것은 / 그리고 당신이 '결국에는' 하고 싶어 하는 (모든 것은) /
할 만한 가치가 있다. // 그러니 그것을 그냥 하라 / 그리고 중간에 경로를 수정하라.

TOPIC immediately | 당신에게 무엇이 중요한지 결정하고 그것을 즉시 추구하라.

✔ whatever가 이끄는 명사절 주어에서 you consider ~ to you와 you want ~ 'eventually'가 and로 병렬 연결되었다. whatever는 각 절에서 consider와 do의 목적어를 대신한다.
✔ 접속사 so가 앞뒤 절을 연결하며, so 뒤에는 두 개의 명령문(just do it, correct ~ the way)이 and로 병렬 연결되었다.

---

035 **Whether extraterrestrial life has actually touched the soil of Earth** // has been
                            S   V

a burning question / for almost as long as humankind could look at the stars.
        C

외계 생명체가 실제로 지구의 땅을 밟은 적이 있는지 여부는 //
의견이 분분한 문제였다 / 거의 인류가 별을 볼 수 있었던 기간만큼 오랫동안.

✔ Whether가 이끄는 명사절(Whether ~ Earth)이 문장의 주어이다.

---

036 The controversy of the presidential election of 1860, / one of the most important
                  S₁

elections in American history, / was associated with slavery; // **who would be given**
                            V₁   S₂

the power (to change history) // was in the hands of the voters.
                            V₂

1860년 대통령 선거의 논쟁은, / 미국 역사상 가장 중요한 선거 중 하나인
/ 노예 제도와 관련이 있었다 // 누구에게 힘이 부여될 것인가는
(역사를 바꿀) // 유권자들의 손에 달려 있었다.

✔ 두 번째 절의 주어인 who ~ history는 의문사 who가 이끄는 간접의문문이다.

F·Y·I 1860년 미국 대통령 선거에서는 노예 제도를 반대하는 공화당의 에이브러햄 링컨이 당선되었고, 이로 인해 노예 제도를 지지하던 남부 주들이 연방에서 탈퇴하면서 남북전쟁이 발발하는 계기가 된다.

---

037 With all things prepared, / **when construction of the new housing areas begins** //
                                                         S

depends on / how soon the company reaches an agreement with local residents.
V   O

모든 것이 준비된 상태에서, / 새 주택 지역 건설이 언제 시작될지는 //
~에 달려 있다 / 그 회사가 지역 주민들과 얼마나 빨리 합의에 도달할지에.

✔ with+O+p.p.: O가 v된 채로[v되면서, v되어]
✔ when절은 문장의 주어로, how절은 목적어로 쓰였다.

038 When an IQ test is scored, // **how the test taker's score** $^{S'}$ **compares** $^{V'}$ / to the standard

deviation or average scores of all test takers / is the main focus.
S ... V

IQ 검사 점수가 매겨질 때, // 검사 응시자의 점수가 비교되어 어떤지가 /
모든 검사 응시자의 표준 편차나 평균 점수에 / 주된 관심사이다.

✔ 주어는 〈how＋주어(the test taker's score)＋동사(compares) ~〉 어순의 간접의문문이다.

039 When evaluating a job opportunity, / **how much variety there is** / **in the tasks**
S

[you will perform] // is just as important / as the salary and workload.
V

취업 기회를 평가할 때, / 다양성이 얼마나 있느냐가 / 업무에
[당신이 수행할] // 꼭 ~만큼 중요하다 / 급여와 업무량만큼.

✔ When evaluating a job opportunity는 접속사 when을 남겨둔 분사구문이고, 의미상의 주어는 일반 사람이기 때문에 생략되었다.
(＝When you evaluate a job opportunity)

040 The best rocket launch sites tend to be remote, tropical locations. **That such places**
S ... V ... S

are also often among the world's poorest // gives many launches a counterintuitive feel:
V ... IO ... DO

// billions of dollars in futuristic machinery (rising up over rainforests and shanty

towns). – 경찰대응용

가장 좋은 로켓 발사 장소는 외진 열대 지역인 경향이 있다. 그러한 장소들이
또한 흔히 세계에서 가장 가난한 곳들 중 있는 것은 // 많은 (로켓) 발사에 직관에 반대되는 느낌을 준다
// (즉,) 수십억 달러의 선진 기계 장치 (열대우림과 판자촌 마을 위로 솟아오르는).

QUESTION ② | ① 로켓 발사 장소는 첨단 기술 접근성 때문에 보통 부유한 지역이다. ② 로켓 발사와 같은 첨단 기술의 발생이 종종 미개발 지역에 위치한다.
해설 | a counterintuitive feel(직관에 반대되는 느낌)이 드는 이유는 로켓 발사와 같은 막대한 비용이 드는 첨단 기술이 역설적으로 가장 빈곤한 지역에서 행해지기 때문임을 추론할 수 있다.

✔ 두 번째 문장의 주어인 That ~ poorest는 접속사 that이 이끄는 명사절이다.
✔ 콜론(:) 이하는 a counterintuitive feel을 부연 설명한다.

UNIT 05 주어 뒤 수식어구의 여러 형태

---

041 Proponents **(of the government economic policy)** argue / the policy has played
a central role in the country's economic success, // when the evidence **(to support this)**
is thin.

(정부 경제 정책의) 지지자들은 주장한다 / 그 정책이
국가의 경제적 성공에 주요한 역할을 해왔다고 // (이를 지지하는) 증거가 빈약함에도 불구하고.

QUESTION> 문맥상 접속사 when 앞에서 두 개의 절로 나눈다. 각 절의 주어 수식어구는 위의 구문해설 참고.

✔ 전명구(of ~ policy)가 주절의 주어 Proponents를, to부정사구(to support this)가 when절의 주어 the evidence를 수식하는 형용사적
역할을 하고 있다.
✔ 여기서 접속사 when은 '~할 때'가 아니라 '~임에도 불구하고(= although)'의 의미로 쓰였다.

---

042 Younger people **(learning a foreign language)** / typically achieve fluency more easily /
than older learners, // but there are many successful adult learners **(learning
a language through conscious effort)**.

(외국어를 배우는) 더 나이 어린 사람들이 / 일반적으로 더 쉽게 유창성을 달성한다 /
더 나이 많은 학습자들보다. // 하지만 성공적인 성인 학습자들이 많이 있다
(의식적인 노력으로 언어를 배우는).

✔ 두 개의 현재분사구가 각 절의 주어인 Younger people과 many successful adult learners를 수식하는 형용사적 역할을 하고 있다.

---

043 Triggered by low blood calcium levels, / cells **(called osteoclasts)** break down bone /
to release calcium into the blood, / potentially causing bone mass reduction. —사관학교

낮은 혈액 칼슘 수치에 촉발되어, / (파골세포라고 불리는) 세포들은 뼈를 분해한다 /
칼슘을 혈액으로 보내려고, / (이는) 잠재적으로 뼈 질량의 감소를 불러온다.

✔ 과거분사구(called osteoclasts)가 주어 cells를 수식하는 형용사적 역할을 하고 있다.
✔ potentially causing 이하는 결과를 나타내는 분사구문이다.

---

044 Organizations **(built on knowledgeable and committed communities of users)** /
often find // that good ideas come from the membership base [who will also provide
rapid feedback (on whether a new service will work)].

조직들은 (아는 것이 많고 헌신적인 사용자 공동체에 기반을 둔) /
종종 알게 된다 // 좋은 발상은 회원들의 토대에서 나온다는 것을 [신속한 피드백도 제공할
(새로운 서비스가 효과 있을지에 관한)].

QUESTION> committed
해설 | 조직이 사용자 공동체들의 신속한 피드백을 받을 수 있으려면 사용자의 공동체가 '헌신적'이라는 문맥이 적절하므로 committed가
알맞다. unconcerned는 '무관심한'이라는 의미이다.

✔ 과거분사구(built ~ users)가 주어 Organizations를 수식하는 형용사적 역할을 하고 있다.
✔ on whether ~ work는 whether가 이끄는 절이 전치사 on의 목적어 역할을 하는 것으로, 앞의 명사 rapid feedback을 수식한다.

045 Anything [that contributes to stress during mealtime] / can interfere with

S ⎣_____M_____⎦ V

the digestion of food. —수능

어떠한 것이라도 [식사 중에 스트레스의 원인이 되는] / 음식의 소화를 방해할 수 있다.

✔ that 이하의 주격 관계대명사절(that ~ mealtime)이 주어 Anything을 수식하는 형용사적 역할을 하고 있다. 선행사가 -thing일 때 관계대명사는 which보다 that을 주로 쓴다.

---

046 When we read advertisements, // we usually take it for granted / that any comparisons^{S'}

O(가목적어)　　　　O'(진목적어)

[which they make to rival companies] / are not necessarily fair and square. —EBS 응용

　　　　　　　　　　　M'　　　　　　　V'

우리가 광고를 읽을 때, // 우리는 보통 당연하게 여긴다 / 어떤 비교도
[그것들이 경쟁 회사들과 하는] / 반드시 정정당당한 것은 아니라는 것을.

✔ it이 가목적어, that 이하가 진목적어이다.
✔ 목적격 관계대명사절(which ~ companies)이 that절의 주어인 any comparisons를 수식하는 형용사적 역할을 하고 있다.
✔ not necessarily는 '반드시[꼭] ~은 아닌'이라는 의미의 부분부정 표현이다.

---

047 Countries [where sleep time has declined most dramatically / over the past

S ⎣　　　　　　　　　　　　　　　　　　　　　　M

century] / are also those (suffering the greatest increase in rates of physical diseases

　　　　　V

and mental disorders). —모의응용

국가들이 [수면 시간이 가장 급격하게 감소한 / 지난 세기에 걸쳐]
/ 또한 ~한 국가들이다 (신체 질환과 정신 질환 비율의 가장 많은 증가를 겪는).

✔ where가 이끄는 관계부사절이 주어 Countries를 수식하는 형용사적 역할을 하고 있다.

---

048 In *The Interpretation of Dreams*, (published in 1900), / Sigmund Freud suggested //

that dreams occur / when feelings and ideas (unacceptable to the individual) /

　　　　　　　　　　　　　S' ⎣　　　　　　　　M'

threaten to disturb sleep.

　V'

〈꿈의 해석〉에서, (1900년에 출판된), / 지그문트 프로이트는 시사했다 //
꿈이 생긴다고 / 감정과 생각이 (개인이 받아들일 수 없는) /
수면을 방해할 조짐을 보일 때.

QUESTION threaten

해설 | when절의 주어는 복수 feelings and ideas이므로 복수동사 threaten이 알맞다. unacceptable to the individual은 〈형용사+전명구〉 형태로 주어를 수식하는 수식어구이므로, 바로 앞의 the individual을 threaten의 주어로 착각하지 않도록 주의한다.

✔ 주절의 동사(suggested)는 과거형이지만 종속절의 동사(occur, threaten)는 불변의 진리를 나타내는 내용이므로 현재형이 사용되었다.
✔ **suggest가 만드는 빈출 문형**

SVO (suggest v-ing)	~할 것을 제안하다	I **suggest leaving** early to avoid traffic jams. (나는 교통 혼잡을 피하기 위해 일찍 **떠나는 것을 제안한다**.)
SVO (suggest that ~)		My teacher **suggested that** I (should) take a rest. (선생님께서는 내가 쉬어야 한다고 **제안하셨다**.)
SVO (suggest A to B)	A를 B에게 제안하다	My friend **suggested a solution to me**. (내 친구는 나에게 **해결책을 제안했다**.)

049 The ability (to go from one failure to another / without losing enthusiasm) /
S   =   M   = another failure

will bring you success.
V   IO   DO

능력은 (한 번의 실패에서 또 다른 실패로 나아가는 / 열정을 잃지 않고) /
당신에게 성공을 가져다줄 것이다.

✔ 여기서 to-v는 The ability와 동격을 이룬다.

---

050 The fact [that information is conveyed in a high-tech manner] / somehow adds
S   =   M   V

authority / to what is conveyed, // when in fact the Internet is a global conveyer

(of unfiltered, unedited, untreated information). – 수능응용

사실이 [정보가 첨단기술 방식으로 전달된다는] / 왠지 권위를 더한다
/ 전달되는 내용에, // 실제로 인터넷은 전 세계적인 전달 매체임에도 불구하고
(여과되지 않고, 편집되지 않고, 처리되지 않은 정보의).

TOPIC misunderstood | 인터넷상의 정보에 대해 자주 잘못 이해되는 진실

✔ 접속사 that이 이끄는 명사절이 주어 The fact와 동격을 이룬다.
✔ add A to B: A에 B를 더하다
✔ 여기서 when은 '~임에도 불구하고'의 의미로 쓰였다.

UNIT
06
〈주어＋긴 수식어구〉 뒤의 동사 찾기

051 For many children, / their first experiences (with print) occur in the home.

Children (from families [that make literacy development a focal point of home
S   M   V'   O'

activities / via shared reading]) / are at an advantage. – 사관학교
C'   V

많은 아이에게, / (활자와의) 첫 경험은 집에서 발생한다.
아이들은 (가정의 [읽고 쓸 줄 아는 능력의 발달을 집에서 하는 활동들의 중점으로 삼는 /
함께 읽기를 통해]) / 유리한 위치에 있다.

QUESTION are, (Children)

해설 | 문장의 주어는 전명구(from ~ reading)의 수식을 받는 Children이므로 복수동사 are이 쓰였다.

✔ 전명구 from ~ reading 안에 families를 수식하는 주격 관계대명사절(that ~ reading)이 포함되어 있고 관계사절 안에 〈make＋목적어
＋목적격보어〉 형태가 쓰였다.

---

052 The beneficial effects (of regular exercise or physical activity) range / from fighting
S   M   V

depression to reducing the risk of many chronic diseases (such as heart disease and

cancer).

유익한 효과는 (규칙적인 운동이나 신체 활동의) 범위가 (~에) 이른다 /
우울증과 싸우는 것에서 많은 만성 질병의 위험을 줄이는 것까지 (심장병과 암과 같은).

QUESTION range

해설 | 주어는 The beneficial effects이고, 전명구 of ~ activity가 주어를 수식하고 있다.

✔ 'A에서 B까지'라는 의미의 〈from A to B〉 구문에서 전치사 from, to의 목적어로 동명사구가 쓰였다.

053 The topics [that people find ● amusing], |and| the occasions [that are regarded as
    S₁   M₁   S₂   M₂
appropriate for joking], / **can vary** enormously from one society to the next ∨. – 모의
    V

주제 [사람들이 재미있다고 생각하는], 그리고 때는 [농담하기에 적절하다고 여겨지는],
/ 사회마다 매우 다를 수 있다.

> **QUESTION ▶ can vary**
> 해설 | 주어는 The topics, the occasions이고, 관계사절이 각각 주어를 수식하고 있다. 관계사절의 동사와 문장의 동사를 혼동하지 않도록
> 주의한다.

✔ ●는 목적격 관계대명사가 대신하고 있는 목적어의 원래 위치이다. (→People find the topics amusing)
✔ ∨ 자리에는 society가 반복되어 생략되었다.

---

054 With the power of hard work and perseverance, / one's capacity (to fight for what they
                                         S   M

want to achieve in life / from its humble beginning) / **creates** their own destiny.
                                                         V

근면과 인내의 힘으로, / 사람의 능력이 (그들이
인생에서 이루고자 하는 것을 위해 싸우는 / 초라한 시작에서부터) / 자신의 운명을 만들어낸다.

✔ to부정사구(to fight ~ beginning)의 수식을 받는 one's capacity가 주어이고, creates가 동사이다. to부정사구 내의 what ~ in life는 전
치사 for의 목적어 역할을 하는 명사절이다.

---

055 A number of people (living in a country [where they have to speak a foreign
      S   M

language]) / **face** social and practical challenges (such as the language barrier).
               V

많은 사람은 (나라에 살고 있는 [그들이 외국어를 구사해야 하는])
/ 사회적, 현실적 문제에 직면한다 (언어 장벽과 같은).

> **QUESTION ▶ face**
> 해설 | 주어가 '많은 ~'이라는 의미의 〈a number of+복수명사〉이므로 복수동사 face가 적절하다.

✔ 주어를 수식하는 현재분사구(living ~ language) 내에 선행사 a country를 수식하는 관계부사절(where ~ language)이 포함된 구조이다.

---

056 The loss or damage (caused by overland flooding, // which occurs / when bodies of
      S   M

fresh water, (such as rivers or dams) overflow onto dry land), / **is** partially **covered** by
                                                             V

insurance companies.

손실이나 피해는 (육로 범람으로 인한, // 이는 발생하는데 /
(강이나 댐(의 물)과 같은) 담수가 대량으로 육지로 넘쳐흐를 때), / 보험 회사에 의해 부분적으로 보장된다.

✔ 주어를 수식하는 과거분사구(caused ~ land) 내에 overland flooding을 보충 설명하는 which가 이끄는 관계사절이 있고, 그 관계사절
내에 다시 when절이 포함된 구조이다.

---

057 One major difference (|between| people with a low level of self-respect |and| those with
      S   M

a high level) / **is** the type of memories [they choose to recall]. – 모의
               V

한 가지 중대한 차이점은 (낮은 수준의 자존감을 가진 사람들과 높은 수준(의 자존감)을 가진 사람들 간의)
/ 기억의 유형이다 [그들이 떠올리기를 선택하는].

✔ 주어는 One major difference이고, 동사는 is이다. 주어의 수식어구인 전명구에 between A and B 구문이 사용되었다.

058 People [who extract the key ideas from new material, / organize them into a mental model / and connect that model to prior knowledge] / **show** an advantage in learning complex mastery. − 경찰대

사람들은 [새로운 자료에서 핵심 아이디어를 추출하는, / 그것들을
심적 모형으로 구성하는, / 그리고 그 모형을 사전 지식과 연결하는] /
복합적인 숙달을 터득하는 것에서 유리함을 보인다.

☞ extract ~, organize ~, connect ~가 and로 병렬 연결된 긴 주격 관계사절(who ~ knowledge)이 주어 People을 수식하며, 동사는 show이다.

F·Y·I 심적 모형(mental model): 세상에서 일어날 수 있는 사건이나 상황을 묘사하는 마음의 표상, 이미지를 일컫는 말로, 현실 세계에서 어떤 것이 어떻게 작용하는지를 이해하여 행동하는 방식에 영향을 미친다.

059 The exact influence of culture will differ / from person to person, // as no two individuals (from the same country, region, religion, socio-economic class, gender, or generation) / **will exhibit** the same constellation of cultural behaviors and attitudes.

문화의 정확한 영향력은 다를 것이다 / 사람마다, //
그 어떤 두 사람도 (~하지) 않으므로 (동일한 나라, 지역, 종교, 사회 경제적 계층, 성별, 또는
세대의) / 동일한 집합체에 속하는 문화적 행동과 태도를 보이지 (않으므로).
↳ 문화가 미치는 영향력은 사람에 따라서 다른데, 동일한 나라, 지역, 종교, 사회 경제적 계층, 성별 또는 세대에 속하는 그 어떤 사람도 동일한 문화적 행동과 태도를 보이지 않을 것이다.

QUESTION ▶ same

해설 | 문화가 미치는 영향력이 개인마다 다를 것이라는 앞 절에 대한 이유로, 동일한 배경의 그 어떤 두 사람도 '동일한(same)' 문화적 행동과 태도를 보이지 않을 것이라는 내용이 문맥상 적절하다. 이유를 나타내는 부사절의 주어가 부정의 no를 포함하는 것에 주의한다.

☞ as 이하 절의 주어는 no two individuals이고, 동사는 will exhibit이다. 수식어구인 from generation에 from의 목적어들이 등위접속사 or로 병렬 연결되었다.

060 Places (as unique and diverse / as the wilds of East Africa's Serengeti, the Pyramids of Egypt, and the Great Barrier Reef in Australia) / **make up** our world's heritage.

장소들은 (독특하고 다양한 / 동아프리카 세렝게티의 야생, 이집트의 피라미드,
그리고 호주의 그레이트 배리어 리프만큼) / 우리의 세계 유산을 구성한다.

☞ 〈as 형용사 as ~〉 원급 비교 표현이 주어인 Places를 수식하는 형용사구 역할을 하고 있다. 두 번째 as 뒤에 세 개의 명사구가 등위접속사 and로 병렬 연결되었다.

061 The precision of the lines[①], the consistency [with which symbols are used][②], the grid and/or projection system[③], the apparent certainty [with which place names are written][④], and the legend and scale information[⑤] all / **give** the map an aura of scientific accuracy and objectivity. − 수능응용

선의 정밀성, [기호가 사용되는] 일관성, 격자무늬
그리고/또는 투영 시스템, [지명이 쓰인] 식별할 수 있는 확실성,
그리고 범례와 축척의 정보는 모두 / 지도에
과학적인 정확성과 객관성의 기운을 부여한다.

QUESTION ▶ give

해설 | 등위접속사 and로 여러 개의 명사구(The precision ~, the consistency ~, the grid ~, the apparent certainty ~, the legend ~)가 병렬 연결되어 주어를 이루고 있다. 동사는 그 뒤의 give이다.

☞ 주어 범위의 마지막 대명사 all은 '~은 모두'라는 뜻으로 앞의 나열된 모든 주어 요소들을 통틀어 가리킨다.

〈주어＋여러 수식어구〉 뒤의 동사 찾기

062 Wise men and women (in every major culture / throughout history) / **have found** //
_____S_____ᒧ_____M_____ _____V_____
that the secret (to happiness) / **is** |not| in getting more |but| in wanting less.
_____S′_____ _V′_

지혜로운 사람들은 (모든 주요 문화의 / 역사를 통틀어) / 알아냈다 //
행복의 비결은 / 더 많이 가지는 데 있지 않고 덜 원하는 데 있다는 것을.

> QUESTION **have found**

✔ not A but B: A가 아니고 B인

063 The one benefit (of jogging 30 minutes daily) [that most people are totally unaware
_____S_____ᒧ_____M₁_____ _____M₂_____
of] / **is** that people [who jog] have a better outlook on life / and are mentally a lot
_V_ _____S′_____ _____V′₁_____ _____V′₂_____
healthier.

한 가지 이점은 (매일 30분간 조깅하는 것의) [대부분 사람들이 전혀 알지 못하는]
/ [조깅하는] 사람들은 더 좋은 인생관을 갖고 있다는 것이다 / 그리고 정신적으로 훨씬 더 건강하다는 (것이다).

> QUESTION ⌒The one benefit⌒

해설 | 위의 문장에서 전명구(of jogging ~ daily)와 관계사절(that ~ of)이 모두 주어 The one benefit을 수식하고 있다. 선행사 뒤에
수식어가 있으면 관계사절이 선행사와 떨어져 있게 된다.

064 The idea (of achieving security / through national armament) / **is**, (at the present state
_____S_____ _____=_____ _V_
of military technique), a disastrous illusion. –Albert Einstein ((아인슈타인))

생각은 (안보를 달성한다는 / 국가적 군비 확충을 통하여) / (현재 상태의
군사 기술에서는) 파멸을 초래하는 착각이다.

✔ '생각 = 국가적 군비 확충을 통하여 안보를 달성하는 것'이므로 둘은 동격 관계이다. The idea 뒤의 전치사 of가 동격 관계를 나타내며,
'~라는'으로 해석한다.

✔ at ~ technique은 동사 is와 주격보어 a disastrous illusion 사이에 삽입된 삽입어구이다.

065 The crucial factor (in choosing literary works / for foreign language learning) / **is**
_____S_____ᒧ_____M_____ _V_
|not just| to select the appropriate level of language / |but| to find works [that stimulate
the readers' involvement]. –경찰대응용

중대한 요소는 (문학 작품을 선택하는 데 있어서 / 외국어 학습을 위해) /
단지 적절한 언어 수준을 선택하는 것뿐만이 아니라 / 작품을 찾는 것이다 [독자의 몰입을 장려하는].

> TOPIC **requirements** | 언어 학습을 위해 문학을 효과적으로 사용하기 위한 <u>필요 사항</u>

✔ 〈not just A but (also) B〉의 A와 B에 to부정사구가 병렬 연결되었다.

066 The skills (required for making rational decisions/amidst the complexities of free

S / M

market economies)/**are** beyond the abilities of most consumers.

V

기술은 (합리적인 결정을 내리는 데 필요한 / 자유 시장 경제의 복잡성 속에서)
/ 소비자 대부분의 능력을 넘어선다.
↳ 대부분의 소비자들은 자유 시장 경제의 복잡성 속에서 합리적인 결정을 내리는 데 필요한 능력을 갖추지 못하고 있다.

QUESTION ① | ① 대부분의 소비자들은 자유 시장 경제에서 합리적인 결정을 내릴 수 없다.
② 복잡한 경제에서 합리적인 결정을 내리는 것은 기본적인 능력이다.
해설 | beyond는 '~을 넘어서는, ~할 수 없는'이라는 의미이므로 문맥상 '합리적인 결정을 내릴 수 없다, 내릴 능력이 없다'라는 ①이 적절하다.

067 In a natural night sky,/someone (looking at the heavens/with the unaided eye)/

S / M

should be able to see nearly 3,500 stars and planets/and the glow from the Milky

V

Way, our home galaxy. -모의

=

자연 그대로의 밤하늘에서, / 누군가는 (하늘을 바라보는 / 맨눈으로) /
거의 3,500개의 별들과 행성들을 볼 수 있을 것이다 / 그리고 우리가 속한 은하계인 은하수로부터의 빛을.

✔ 여기서 should는 추측을 나타내는 조동사로 쓰였다.

068 One (of the most common problems (associated with overuse of a computer))/**is** eye

S / M V C

strain,/a common and annoying condition (including tired, itching, and burning eyes).

=

-모의응용

하나는 (가장 흔한 문제들 중 (컴퓨터의 과도한 사용과 관련된)) / 눈의 피로이다.
/ 흔히 발생하고 성가신 질환인 (눈이 피곤하고, 가렵고, 따가운 증상을 포함하는).

✔ associated ~ computer는 앞의 the most common problems를 수식한다.

069 Pine seedlings (grown in pots of soil (sterilized by humans))/**die** within two or three

S / M V

years (of being planted in the ground).

소나무 묘목은 (흙이 담긴 화분에서 자란 (사람에 의해서 살균된)) / 이삼 년 이내에 죽는다
(땅에 심어진 지).

✔ 주어 Pine seedlings를 과거분사구 grown ~ humans가 수식하고 있고, 이 안에 포함된 soil을 뒤에 이어지는 또 다른 과거분사구 sterilized by humans가 수식하고 있다.

070 Clothing (**appropriate for the temperature and environmental conditions [in which**

S

you will be doing exercise])/can improve your exercise experience. -모의응용

V

의복은 (기온과 환경 조건에 적절한
[여러분이 운동하고 있을]) / 운동 경험을 개선할 수 있다.

071 In the 1990s,/the extension of patent laws (**as the only intellectual property rights**

S

tool) (**into the area of seed varieties**)/started to create a growing market for private

V

seed companies. -수능

1990년대에, / 특허법의 확장이 (유일한 지적 재산권 도구로써)
(종자 변종의 영역까지) / 개인 종자 회사를 위한 시장을 형성하기 시작했다.

072   Teams (working on a collaborative task) [that are composed of people with different
          personalities] / **are** more productive / than teams (composed of more similar
          individuals).

팀은 (협동적인 업무를 하는) [다른 성격의 사람들로 구성된] /
더욱 생산적이다 / 팀보다 (더 비슷한 사람들로 구성된).

QUESTION are

해설 | that 이하의 주격 관계대명사절이 수식하는 선행사는 a collaborative task가 아닌 Teams로 복수이므로 복수동사 are가 적절하다.

✔ 주어가 현재분사구와 관계사절의 수식을 모두 받고 있어, 주어부의 선행사 Teams와 수식하는 관계대명사절이 떨어져 있다.

073   All of the women [whom I have interviewed ●] [whose mothers worked] / **said**
          that they too would work // when they had children. – 사관학교응용

모든 여자들이 [내가 인터뷰해왔던] [자신들의 어머니가 일했던] /
자신들 또한 일할 것이라고 말했다 // 아이들을 가진 후에.

QUESTION said

해설 | 주어 All of the women을 관계사절 whom I have interviewed와 whose mothers worked가 모두 수식하고 있으며 동사는 그 뒤의 said이다.

✔ ●는 목적격 관계대명사가 대신하고 있는 목적어의 원래 위치이다. (→ I have interviewed all of the women)

U N I T
0 8   동사 자리, 준동사 자리

074   Considering how I can make the world a better place for another person /
          shows my love for others / and **pulls** me out of myself, /
          lifting my thoughts to a grander place. – 모의응용

내가 어떻게 세상을 다른 사람을 위해 더 좋은 곳으로 만들 수 있을지 생각하는 것은 /
타인을 향한 나의 사랑을 보여주고 / 나를 나 자신으로부터 끌어내어. (→ 내가 나 자신만 생각하는 것으로부터 빠져나오게 하여) /
나의 생각을 더 원대한 곳으로 북돋운다.

QUESTION Considering

해설 | 뒤에 접속사 and로 연결된 문장의 동사인 shows와 pulls가 있으므로, 문장의 주어 역할을 하는 준동사인 동명사 Considering이 적절하다.

✔ 동명사 Considering이 의문사절인 how I ~ for another person을 목적어로 취하고 있다. 이 의문사절에서 동사(can make) 뒤에 목적어(the world), 목적격보어(a better place)가 이어진다. (make A B: A를 B로 만들다)

   cf. 전치사, 접속사로 쓰이는 considering(~을 고려[감안]하면)

      Considering her age, the child reads well. ((전치사)) (나이를 **감안하면**, 그 아이는 잘 읽는다.)

      Considering she's only just started, she knows quite a lot about it. ((접속사))

      (그녀가 막 시작한 것을 **고려하면**, 그녀는 그것에 대해 꽤 많이 알고 있다.)

✔ 분사구문 lifting ~은 and it(= considering ~ for another person) lifts ~로 바꿀 수 있다.

075 Since the human body is basically an extremely complex system (of interacting molecules), // the technology (required to truly understand and repair the body) / is
$\underset{S}{\text{the technology}}$ $\underset{M}{\text{(required to truly understand and repair the body)}}$ $\underset{V}{\text{is}}$
molecular machine technology.

인체는 근본적으로 극도로 복잡한 시스템이기 때문에
(상호작용하는 분자들의), // 기술은 (인체를 진정으로 이해하고 치료하기 위해 필요한) /
분자 기계 공학이다.

> **QUESTION** is
> 해설| 주어 the technology 다음의 required를 문장의 동사로 착각하지 않도록 주의한다. required ~ body는 주어를 수식하는 과거분사구이며 문장의 동사는 뒤에 나오는 is이다.

- ✔ 분사(v-ing, p.p.)는 형용사 역할로 명사를 수식하거나 주격보어 역할을 할 수 있다. 명사를 수식하는 분사가 다른 어구를 동반할 때는 명사의 뒤에 위치한다. 이때 v-ing는 'v하는, v한'으로, p.p.는 'v되는, v된'으로 해석한다.
- ✔ required 다음의 to truly understand and repair는 목적을 나타내는 부사적 용법으로 쓰였다.
  cf. be required to-v: v하기 위해 필요하다

---

076 To improve your reading proficiency, / learning to consider the subject of the reading
$\underset{S}{\text{learning to consider}}$
material / and ∨ make guesses about the context / **is** essential.
$\underset{V}{\text{is}}$

당신의 독해 능력을 향상시키기 위해서, / 읽기 자료의 주제를 생각하기를 배우는 것은 /
그리고 문맥에 대해 추론하기를 (배우는 것은) / 필수적이다.

- ✔ 문장 전체는 〈to-v가 이끄는 부사구, S+V ~〉 구조로서, 주어 부분은 동명사 learning이 to consider ~ and (to) make ~ context를 목적어로 취하고 있다. 문장 맨 앞에 쓰인 to-v를 주어로 착각하지 않도록 주의한다.
- ✔ ∨ 자리에는 to부정사의 to가 반복되어 생략되었다. 즉 make는 동사가 아니라 준동사((to) make)이다.

---

077 Because it would be impossible / for you to discover huge stores of historical or
$\underset{S(가주어)}{\text{it}}$ $\underset{\text{의미상 주어}}{\text{for you}}$ $\underset{S'(진주어)}{\text{to discover}}$
scientific evidence firsthand, // studying in high school and college, / (to a great extent),
$\underset{S}{\text{studying in high school and college}}$
depends on reading books and other documents.
$\underset{V}{\text{depends on}}$

(~이) 불가능할 것이기 때문에 / 여러분이 역사적 또는 과학적 증거의 막대한 축적을 직접 발견하는 것이,
// 고등학교와 대학교에서 공부하는 것은 / (크게)
책과 그 밖의 문서를 읽는 것에 의존한다.

> **QUESTION** depends
> 해설| 두 번째 절의 주어가 동명사구(studying ~ college)이고 to a great extent는 삽입어구이다. 따라서 동사 자리이고, 동명사 주어는 단수 취급하므로 단수동사인 depends가 적절하다.

---

078 Certain kinds of specialized professionals, (such as scientists and engineers), (working
$\underset{S}{\text{Certain kinds of specialized professionals}}$ $\underset{M_1}{\text{(such as scientists and engineers)}}$ $\underset{M_2}{\text{(working}}$
for the federal government) / **express** much less satisfaction with their work /
$\underset{V}{\text{express}}$
than federal executives. − 경찰대

특정 종류의 전문직 종사자들은, (과학자나 기술자와 같은),
(연방 정부에서 일하는) / 자신의 업무에 훨씬 더 적은 만족감을 표현한다 /
연방 정부의 행정관들보다.

> **QUESTION** ✕, → working
> 해설| 문장의 주어는 Certain kinds of specialized professionals이고 뒤에 문장의 동사인 express가 있으므로 밑줄 친 부분은 주어를 수식하는 형용사구의 자리이다. 주어가 '~에서 일하다'라는 능동의 의미이므로 현재분사 working으로 고쳐야 한다.

079 Computers may yield important predictions (about complex phenomena), // but
$\underset{S_1}{}$ $\underset{V_1}{}$

the predictions [∨ they make ●] / **can** never **be relied on** without experimental
$\underset{S_2}{}$ $\underset{V_2}{}$

confirmation. − 모의

컴퓨터는 (복잡한 현상에 관한) 중요한 예측을 낼지도 모른다 // 하지만
예측은 [그것(컴퓨터)이 만들어내는] / 실험적 확증 없이는 결코 신뢰받을 수 없다.
↳ 컴퓨터는 복잡한 현상에 관한 중요한 예측을 낼 수도 있으나, 그 예측은 실험적 확증이 있어야만 신뢰할 수 있다.

✔ they make는 ∨자리에 목적격 관계대명사 that[which]이 생략된 관계사절로 선행사 the predictions를 수식하며 ●는 원래 목적어의
위치이다. 관계사절의 동사 자리이기 때문에 동사 make가 적절하게 쓰였다.
✔ 이중부정 표현인 〈never ... without ~〉은 '~하지 않고 …하지는 못한다'의 뜻으로, '~하면 반드시 …하다'라는 강한 긍정을 의미한다.

---

080 A clear understanding (of what your purpose is in life) / **leads** you to do whatever is
$\underset{S}{}$ $\underset{M}{}$ $\underset{V}{}$

necessary / to achieve it.
= your purpose

명확한 이해가 (삶에서 당신의 목표가 무엇인가에 대한) / 당신이 필요한 무엇이든지 하도록 이끈다
/ 그것(당신의 목표)을 성취하기 위해서.

✔ of ~ life의 전명구가 주어를 수식하고, what ~ life는 전치사 of의 목적어로 쓰인 의문사절이다.
✔ whatever는 anything that을 의미하며 to do의 목적어인 명사절을 이끈다.

---

081 Feelings and judgments (about how others feel toward you) / **play** a major role //
$\underset{S}{}$ $\underset{M}{}$ $\underset{V}{}$

in how you choose to solve your day-to-day problems. − 수능응용

감정과 판단은 (다른 이들이 당신에 대해 어떻게 느끼는지에 관한) / 중요한 역할을 한다 //
당신이 일상의 문제들을 해결하기 위해 선택하는 방법에.

QUESTION ✕, → play
해설 | 문장의 동사 자리이고, 주어가 Feelings and judgements로 복수이므로 복수동사 play로 고쳐야 한다.

✔ 전명구 about ~ toward you가 주어를 수식하고, 여기서 how ~ toward you가 전치사 about의 목적어로 쓰인 의문사절이다.

---

082 Those countries [that are most willing to let capitalism / quickly destroy inefficient
$\underset{S}{}$ $\underset{M}{}$

companies, // so that money can be freed up and directed to more innovative ones], /

will thrive in the era of globalization. − 사관학교응용
$\underset{V}{}$

국가들은 [가장 기꺼이 자본주의가 ~하게 허용하는 / 비효율적인 기업을 빠르게 파괴하게,
// 자금이 풀려서 더 혁신적인 기업들로 향할 수 있도록], /
세계화 시대에 번영할 것이다.

QUESTION will thrive
해설 | that ~ ones는 주어 Those countries를 수식하는 주격 관계대명사절이므로 뒤에는 문장의 동사가 나와야 한다. 따라서 준동사인
현재분사 thriving이 아닌 미래시제 동사 will thrive가 적절하다.

✔ let+목적어+목적격보어(동사원형): ~가 …하게 허용하다
✔ so that+S+can ~: S가 ~할 수 있도록

083 Knowledge (gained through workplace experience) / **is** far more important /
      S   M   V

than grades (earned in school) / in predicting the job performance of new employees.

지식이 (직장 경험을 통해 얻는) / 훨씬 더 중요하다 /
성적보다 (학교에서 받는) / 신입 사원들의 업무 성과를 예상하는 데 있어서.

QUESTION ○
해설 | 주어는 과거분사구 gained ~ experience의 수식을 받는 Knowledge이다. 따라서 동사 자리에 단수동사 is가 적절하게 쓰였다.

084 Television advertising (of products) (aimed at children under 12) / **has been outlawed**
      S   M₁   M₂   V

by the Swedish government // and, in the United States, 50 psychologists signed

a petition (calling for a ban on the advertising of children's goods). − 모의응용

텔레비전 광고는 (제품의) (12세 미만 아이들을 대상으로 하는) /
스웨덴 정부에 의해 금지된다 // 그리고, 미국에서, 50명의 심리학자가 청원서에 서명했다
(아동 상품의 광고 금지를 요구하는).

UNIT 09 명사 수식어 자리

085 Some experts declare many reasons [**why all people (— young and old —) have to**
　　　　　　　　　　　　　　　O　└───────　　　　　　　　　　　M
do some volunteer work]: // it can provide a healthy boost / to your self-confidence,
self-esteem, and life satisfaction.

몇몇 전문가는 많은 이유를 밝힌다 [모든 사람이 (나이가 적든 많든)
약간의 자원봉사를 해야 하는] // 그것은 건강한 고양(정신적인 북돋움)을 제공할 수 있다 / 자신감,
자존감, 삶의 만족도에.

QUESTION　many reasons, 목적어

✔ 관계부사절(why ~ work)이 목적어인 many reasons를 수식하고 있다.
✔ 콜론(:) 다음 문장의 주어 it은 volunteer work를 가리킨다.

---

086 The scents (of plants or fruits) can serve various purposes; // lavender can fill you
　　　　　　S　└───────　M　　　　　　V
with feelings of tranquility, // and peppermint is one of the best scents
(to improve concentration and memory).
　　　　　　　　　　　M

식물이나 과일의 향기는 여러 용도에 사용될 수 있다 // 라벤더는 당신을
평온한 느낌으로 채울 수 있다, // 그리고 페퍼민트는 가장 좋은 향기 중의 하나이다
(집중력과 기억력을 향상하는).

✔ to부정사구(to improve ~ memory)가 전치사 of의 목적어(the best scents)를 수식하고 있다.

---

087 Education and "know-how" are no longer mere keys **(to upward social mobility);** //
　　　　S₁　　　　　　V₁　　　　　　C₁　└─────────　M₁
they are now the sole determinants **(of whether a person will attain success and**
S₂　V₂　　　　　　C₂　└──────────────────　M₂
financial power).

교육과 '노하우'는 더는 단순한 열쇠가 아니다 (사회적 신분 상승의) //
그것들은 이제 유일한 결정 요인이다 (한 사람이 성공과 재력을 얻을 것인지에 대한).

TOPIC　escalating | 학습과 지식의 증가하는 중요성
해설 | 교육과 노하우가 사회적 신분 상승의 열쇠를 넘어 성공과 재력을 얻는 것의 유일한 결정 요인이라고 하며 학습과 지식의 중요성이 높
아짐을 나타내므로, '증가하는'의 의미인 escalating이 적절하다. unobserved는 '눈에 띄지 않는'의 의미이다.

✔ 전명구가 보어인 mere keys를 수식하고 있다.
✔ 세미콜론(;) 다음 문장의 주어 they는 Education and "know-how"를 가리킨다.
✔ 보어인 the sole determinants를 수식하는 전명구에서 whether절이 전치사 of의 목적어로 쓰였다.

---

088 During the job interview, / the interviewer asked the applicant a personal question
　　　　　　　　　　　　　　S　　　　　V　　　　IO　　　　DO　└───
(about their greatest hardship).
　　　　　M

취업 면접 중에, / 면접관은 지원자에게 개인적인 질문을 했다
(그들의 가장 큰 어려움에 대한).

✔ 전명구 about ~ hardship이 직접목적어인 a personal question을 수식하고 있다.

089 The English consider good manners an essential skill **(to learn in school / as well as**
    S   V   O   C   M

at home).

영국인들은 바른 예절을 필수적인 기술이라고 생각한다 (학교에서도 배워야 하는 / 가정에서뿐만 아니라).

- ✔ to부정사구(to learn ~ at home)가 목적격보어인 an essential skill을 수식하고 있다.
- ✔ B as well as A: A뿐만 아니라 B도

090 We hope // that stem cell research and technology / will help us / to cure or prevent
                                            V'   O'   C'

many of the illnesses **[that kill millions today]**.
                                    M'

우리는 바란다 // 줄기세포 연구와 과학 기술이 / 우리를 도와주리라고 /
많은 질병을 치료하거나 예방하는 것을 [오늘날 수백만 명의 목숨을 앗아가는].

- ✔ to부정사구 to cure or prevent ~ today는 will help의 목적격보어 역할을 하고, that 이하의 주격 관계대명사절이 to부정사구의 목적어인 명사 the illnesses를 수식하고 있다.

091 One may wonder // if literary fiction is destined to become an old-fashioned genre

(to be preserved in a museum / like an extinct species). – 수능
                                        M'

누군가는 궁금해할지도 모른다 // 문학 소설이 구식 장르가 될 운명인지를
(박물관에 보존되는 / 멸종된 종처럼).

QUESTION ▶ **extinct**
해설 | 박물관에 보존되는 구식 장르라고 했으므로 '멸종된'이라는 의미의 extinct가 적절하다. existing은 '현존하는, 기존의'의 의미이다.

- ✔ to부정사구(to be ~ species)가 준동사 to become의 보어인 an old-fashioned genre를 수식하고 있다.

092 Some cultures maintain an implicit "schedule" for the right time **(to do many**
                                                            M

important things); // for example, / the right time **(to start dating, to finish college,**
                                                          M

to buy your own home, or to have a child). – 모의응용

몇몇 문화는 적절한 시기에 관한 암묵적인 '일정표'를 가지고 있다 (많은
중요한 것들을 할) // 예를 들어, / 적절한 시기 (연애를 시작하고, 대학을 마치고,
본인의 집을 장만하거나 아이를 가질).

QUESTION ▶ ① | ① 사회적으로 바람직하다고 여겨지는 시기
② 사람들이 그들의 경쟁자들보다 더 일찍 그들의 목표를 성취하는 때
해설 | 중요한 개인사가 이루어져야 할 시기에 대해 사회적으로 적절하다고 인식되는 때가 있다는 내용으로, 성취 시기에 관한 타인과의 비교를 다룬 어구는 아니다.

- ✔ 전치사 for의 목적어인 the right time을 to부정사구가 수식하고 있다. the right time에 대한 추가 설명이 세미콜론(;) 다음에 이어진다.

093 People (with bluebird syndrome) are not satisfied with their life, / and may dream
       S   M   V₁   V₂

about a splendid future **(waiting for them)**, / but do not put any effort / into trying to
              O₂   M   V₃

create that future.

사람들은 (파랑새 증후군을 겪는) 자신의 삶에 만족하지 못한다, / 그리고
(그들을 기다리는) 눈부신 미래를 꿈꿀지도 모른다 / 그러나 어떤 노력도 기울이지 않는다 /
그 미래를 만들려고 하는 것에.

✔ People with bluebird syndrome ┌ are not satisfied with their life,
                                      │   [and]
                                        │   may dream about ~,
                                        │   [but]
                                        └ do not put any effort ~.

✔ 전치사 about의 목적어인 a splendid future를 현재분사구가 수식하고 있다.

    F·Y·I 파랑새 증후군(bluebird syndrome): 급격하게 변화하는 현대 사회에 적응하지 못하여 현재의 일에 관심을 두기보다는 병적으로
미래의 막연한 행복만을 추구하는 증상이다. 벨기에의 동화극 〈파랑새(L'Oiseau Bleu)〉의 주인공의 모습에서 비롯된 이름이다.

---

094   Certainly, / the images of success (depicted in the media) rarely show the years
                                      S   M   V   O
        of struggle and practice **[that musicians, actors, or athletes engage in /**
                                                              M
        before their "instant" successes]. – 모의응용

    확실히, / (대중 매체에 묘사된) 성공의 이미지는
    노력과 훈련의 세월을 좀처럼 보여주지 않는다 [음악가들, 배우들, 또는 운동선수들이 몰두하는 /
    그들의 '즉각적인' 성공 이전에].
    ↳ 대중 매체에 묘사된 성공의 이미지는 성공 이전의 노력과 훈련의 긴 세월을 좀처럼 보여주지 않는다.

    SUMMARY little | 대중 매체는 성공에 필요한 시간과 노력에 거의 관심을 두지 않는다.

✔ 전치사 of의 목적어인 struggle and practice를 that 이하의 목적격 관계대명사절이 수식하고 있다.

UNIT 10   **목적어 뒤의 목적격보어 찾기**

---

095   Just as we consider the people [who migrated to the new place] / **active agents**
                      V'   O'   C'
        of some change, // we must also consider the role (played by the migration of
        plants, animals, and germs).

    우리가 [새로운 장소로 이주한] 사람들을 생각하는 것처럼 / 어떤 변화의 활동적인 주체라고,
    // 우리는 또한 역할도 생각해야 한다 (식물, 동물, 그리고 세균의 이동에 의해 행해지는).
    ↳ 새로운 장소로 이주한 사람들이 어떤 변화를 일으키는 활동적인 주체로 생각되듯이, 우리는 식물, 동물, 세균의 이동이 미치는 역할도
      생각해야 한다.

    QUESTION active agents of some change

✔ 관계대명사절(who ~ place)이 목적어인 the people을 뒤에서 수식하고 있다.

---

096   Maximizing the power of positive influence / by seeking out people [you can respect
                                S
        and admire] / is a good way (to have your dreams, goals, and ambitions **come true**).
                                   V'   O'   C'

    긍정적인 영향력을 극대화하는 것은 / 사람들을 찾아냄으로써 [여러분이 존경하고
    동경할 수 있는] / 좋은 방법이다 (여러분의 꿈, 목표, 그리고 야망이 실현되게 하는).

    QUESTION come true
    해설 | 문장의 보어 a good way를 수식하는 to부정사구에 〈have+O+C (O가 v하게 하다)〉 구문이 사용되었다. 목적어는 나열된 명사구
    세 개이며 목적격보어는 원형부정사 형태로 쓰인 come true이다.

097 The "knowledge society" represents a radical change, // because it enables new forms
of knowledge socialization / and new possibilities (to store the output of learning /
across time and space). –EBS 응용

✔ to부정사구 to store ~ space는 두 번째 목적어인 new possibilities의 수식어구로, 주술 관계가 성립하지 않으므로 목적격보어가 아님에 주의한다.

---

098 Most instructors and learners find active instructional strategies, (such as group
projects), **more engaging**, // while some find factors (such as time pressure) **obstacles**
/ **to active learning**.

대부분의 교사와 학습자는 (그룹 프로젝트와 같은) 능동적 교육 전략을 더 매력적이라고 생각한다.
// 한편 몇몇은 (시간 압박과 같은) 요인을 장애물로 여긴다 / 능동적 학습에 대한.

✔ 주절, 양보의 부사절 모두 SVOC 문형이다. 동사 find의 목적어에 각각 such as가 이끄는 삽입어구와 수식어구가 뒤따르며, 주절의 목적격보어로는 형용사구 more engaging이, 부사절의 목적격보어로는 명사구 obstacles ~ learning이 쓰였다.
✔ some = some instructors and learners

---

099 Because of dangerous incidents [that resulted from poor communication], / the Federal
Aviation Administration made assertiveness training (for all airline crew members)
mandatory / to ensure // they have the ability (to communicate effectively). –경찰대응용
　　　　　　　　　부사적 to-v(~하기 위해)

위험한 사건들 때문에 [원활하지 않은 의사소통에서 비롯된], /
미국 연방항공국은 (모든 항공사 승무원을 대상으로 하는) 자기주장 훈련을
의무화했다 / 확실하게 하기 위해 // 그들이 (효과적으로 의사소통할 수 있는) 능력을 갖추도록.

F·Y·I 자기주장 훈련(assertiveness training): 자기 자신을 부정적으로 인식하여 자기주장을 하지 못하거나 반대로 자기주장이 너무 강하여 상대방에게 부적절한 언행을 하지 않도록, 자신과 상대방을 존중하면서 자기표현이나 주장을 하는 방법을 훈련하는 행동 치료 과정

---

100 The public has come to expect / the steady increase (in the standard of living)
[that new developments in science and technology have brought] **to continue**, //
but it also distrusts science / because it has no clear understanding of science. –경찰대응용

대중은 기대하게 되었다 / (생활 수준의) 꾸준한 증가가
[과학과 기술에서의 새로운 발전이 가져온] 계속되기를, //
그러나 대중은 또한 과학을 불신한다 / 왜냐하면 대중은 과학에 대한 분명한 이해가 없기 때문에.

TOPIC ambivalent | 과학에 대한 대중의 양면적인 태도
해설 | 대중이 과학에 대해 기대하지만, 불신하기도 한다고 했으므로 '양면적인'의 의미인 ambivalent가 적절하다.

✔ 〈expect+O+C(to-v): O가 v하기를 기대하다〉 구문에서 the steady increase ~ have brought는 expect의 목적어, to continue는 목적격보어로 쓰였다.
✔ but 이후의 it은 모두 앞에 나온 The public을 가리킨다.

101 Leaders seek a vision for an organization and sell that vision / in such a way [that the desired goal makes the effort (of getting there) seem worthwhile].
　　　　　　　　　　　　　　　　　　　　　　　　 V′　　　 O′　　　　　　　　　　　　　　　 C′

지도자들은 조직에 대한 비전을 찾고, 그 비전을 납득시킨다 / ~한 방식으로
[원하는 목표가 (달성하려는) 노력을 가치 있어 보이게 하는].

✔ that 이하는 a way를 수식하는 관계부사절이다.
✔ that절은 SVOC 문형으로, 동사 make가 전명구의 수식을 받는 목적어 the effort를 갖고, 이어서 원형부정사(seem) 형태의 목적격보어가 왔다. ⟨make+O+C(동사원형)⟩ (O를 v하게 만들다)⟩ 구문을 make the effort(노력하다) 표현으로 혼동하지 않도록 한다.

---

102 We let most of the facts and data [∨ we face ● everyday] / **pass through our brains** /
　　　 V　　　　　　 O　　　　　　　　　　　　　　　　　　　　　　　　 C

with minimal retention or reaction // — unless we take special care to retain the

information. – 모의응용

우리는 [우리가 매일 직면하는] 대부분의 사실과 자료를 ~하게 한다 / 우리의 뇌를 통과하게 /
최소한의 기억력이나 반응으로 // 우리가 그 정보를 잊지 않기 위해 특별히 신경 쓰지 않는 한.

✔ 주절에는 ⟨let+O+C(동사원형)⟩ (O를 v하게 하다)⟩ 구문이 쓰였다.
✔ 주절은 목적어를 관계사절이 수식하는 구조로, ∨ 자리에는 목적격 관계대명사 which[that]가 생략되었다.

---

103 Exciting live shows and street performances by various movie characters / got
　　　　　　　　　　　　　　　　　　　　　　　　　　　　　　　　　　　　 V

the whole crowd (in the theme park) **cheering and wanting for more**.
　　　　 O　　　　　　　　　　　　　　　　　　　 C

신이 나는 라이브 쇼와 다양한 영화 캐릭터들의 거리 공연은 /
(테마파크의) 모든 사람이 환호하고 더 많은 것을 원하게 했다.

✔ get+O+C(v-ing): O가 어떤 상태로 있게 하다[두다]

---

104 Having too many options can be detrimental to our happiness. Because we can't
remove the rejected choices from our minds, // we experience the disappointment (of
　 V′　　　 O′　　　　　　　　　　　　　　　　　　　　　　　　　　　　　　　　　　　 ⌐_=_⌐
having our satisfaction with decisions reduced / by all the options [we did not
　　 v′　　　　　　　　　　　　　 O′　　　　 C′
choose]). – 모의응용

선택사항이 너무 많은 것은 우리의 행복에 해로울 수 있다.
우리는 거절된 선택사항을 우리의 마음에서 없앨 수 없기 때문에, (→ 잊어버리지 않기 때문에) // 우리는 실망감을 느낀다
(결정에 대한 우리의 만족감이 감소되게 하는 / [우리가 선택하지 않았던] 모든 선택사항에 의해서).

FILL-IN ②
해설 | 두 번째 문장에서 고르지 않은 선택사항들이 여전히 마음에 남아 결정에 대한 만족감이 감소된다고 말하고 있으므로, 선택사항이 너무 많은 것은 우리의 행복에 '해로울(detrimental)' 수 있다는 것이 알맞다.

✔ 두 번째 문장 주절에서 the disappointment의 동격인 of 이하는 ⟨have+O+C(p.p.)⟩ (O가 ~되게 하다)⟩의 구조인 동명사구이다.

105 Renaissance artists [who promoted the idea of creative genius] / operated workshops

(staffed by artist assistants [who carried out most of the labor (involved in

turning their master's design into a work of art)]). −사관학교응용

르네상스 예술가들은 [창의적인 천재라는 개념을 진척시킨] / 작업장을 운영했다
(예술가 보조들이 일한 [대부분의 노동을 수행한
(그들의 고용주의 디자인을 예술 작품으로 바꾸는 것과 관련된)]).

QUESTION ① workshops ② artist assistants

✔ 목적어인 명사 workshops를 수식하는 과거분사구(staffed ~ art) 내에서 주격 관계사절(who carried ~ art)이 artist assistants를,
과거분사구(involved ~ art)가 most of the labor를 수식하고 있다.

106 Researchers have found evidence (of long-lasting damage) (indicating //

that psychological trauma physically affects the brain).

연구원들은 (오래 지속되는 손상의) 증거를 발견했다 (보여주는 //
정신적 충격이 뇌에 물리적으로 영향을 미친다는 것을).

QUESTION ①, ② evidence

✔ indicating 이하도 evidence를 수식한다.

107 Since the 1960s, / animal rights groups around the world / have tried to make people

aware of the cruelty (affecting animals (used for laboratory research)).

1960년대 이래로, / 전 세계의 동물 권리 단체들은 /
사람들이 잔인함을 알게끔 노력해왔다 (동물들에게 해를 입히는 (실험실 연구에 사용되는)).

✔ affecting ~ research가 the cruelty를, used ~ research가 animals를 수식하고 있다.

108 Much of your e-mail comes from complete strangers [who don't know you] / and

[who just want to sell you something [∨ you probably don't really want]].

당신의 이메일 중 많은 것은 완전히 낯선 이들에게서 온다 [당신을 모르는] / 그리고
[단지 당신에게 무언가를 팔고 싶어 하는 [당신이 아마도 별로 원하지 않는]].
↳ 당신의 이메일 중 다수는, 당신을 모르면서 그저 당신이 별로 원하지 않을 무언가를 팔고 싶어 하는 낯선 이들에게서 온다.

✔ who가 이끄는 두 개의 관계사절이 등위접속사 and로 병렬 연결되어 complete strangers를 수식하고 있다.
✔ ∨ 자리에는 something을 수식하는 관계대명사 that이 생략되었다. 목적격 관계대명사는 보통 생략된다.

109 In Ancient Rome, / messages **(sent over short distances)**, **[for which a quick reply was expected]**, / were written with a stylus on wax tablets [that folded together like a book]. − 사관학교응용

고대 로마에서는, / (짧은 거리에서 보내진) 메시지들은, [빠른 답장이
예상되는] / 납판 위에 철필로 쓰였다 [책처럼 함께 합쳐져서 접힌].

☑ messages가 과거분사구와 관계사절의 수식을 동시에 받는 구조이다.

F·Y·I 납판(wax tablet): 1세기 전후에 로마인이 발명한 메모장이다. 이 납판 겉면에 끝이 뾰족한 철필(stylus)로 편지를 쓰면, 수신인은 그 뒷면에 회답을 써서 반송해 오는 것이 관례였다. '문체(文體)'를 뜻하는 '스타일(style)'은, 이 납판 위에 쓰던 철필인 '스틸루스(라틴어 stilus)'라는 말에서 온 것이다.

110 While there are more and more examples of positive practices **(relying on bio-energy (energy derived from photosynthesizing organisms))** **[that can be brought to larger scale]**, // we have hardly begun / to build a sustainable and renewable bio-based economy.

긍정적 실행 사례가 점점 늘어나고 있지만 (바이오 에너지에 의존하는
(광합성을 하는 유기체로부터 얻는 에너지인)) [더 큰 규모로 가져와질 수 있는].
// 우리는 거의 시작하지 못했다 / 지속 가능하고 재생 가능한 바이오(생물) 기반의 경제를 건설하는 것을.

FILL-IN ①
해설 | 빈칸이 포함된 부사절은 바이오 에너지의 긍정적인 실행 사례가 늘어나고 있다는 내용이고, 이어지는 주절은 우리가 재생 가능한 에너지 기반 경제의 건설을 아직 시작하지 못했다는 대조적인 내용이므로 '반면'을 의미하는 접속사 while이 적절하다.

☑ positive practices 뒤에 긴 현재분사구(relying ~ organisms)와 관계사절의 수식을 받고 있다.

F·Y·I 바이오 에너지(bio-energy): 생물체를 열분해시키거나 발효시켜서 얻는 재생 에너지(renewable energy)이다. 예를 들어, 버드나무, 사탕수수와 같은 식물을 공장에서 대량으로 발효시켜 에탄올(알코올)을 생산한 뒤 자동차나 냉난방 기기의 연료로 사용하는 것이 이러한 바이오 에너지의 활용이다.

111 Not all interesting discoveries have an obvious application, // which is why there were many innovations **[that were matched to a product]** **[which languished in labs for years]**. − 모의응용

모든 흥미로운 발견이 분명히 적용되는 것은 아니다. // (그리고) 이것이
획기적인 것이 많았던 이유이다 [제품으로 연결된] [실험실에서 수년간 유보된].
↳ 흥미로운 발견들이 모두 분명히 적용되는 것은 아니다. 이것이 제품으로 연결된 많은 획기적인 것들이 실험실에서 수년간 유보된 이유이다.

☑ not all ~은 '모두 ~한 것은 아니다'라는 뜻으로 부분부정을 나타낸다.
☑ 첫 번째 which 이하의 관계사절(which is ~ years)은 앞 절 전체를 선행사로 하여 보충 설명하고 있다.
☑ 선행사 many innovations를 관계사절 that were matched to a product가 수식하고, many innovations ~ a product를 또 다른 관계사절 which languished in labs for years가 수식하고 있다.

112 The one trait **(of heroes [who are truly magnificent])** **[that goes beyond all cultural boundaries]** / is the willingness to risk one's life / for the good of others.

− 사관학교응용

한 가지 특성은 ([참으로 훌륭한] 영웅들의) [모든 문화적 경계를 넘어서는]
/ 기꺼이 목숨을 걸려는 마음이다 / 다른 사람들을 위해서.

☑ The one trait를 전명구 수식어(of heroes ~ magnificent)와 관계사절(that ~ boundaries)이 수식하고 있다. heroes는 관계사절 who are truly magnificent의 수식을 받는다.

113 Researchers [who have spent thousands of hours / observing the behavior of bottlenose dolphins] / have discovered // that the males form social alliances **(with one another)** [**that are far more sophisticated than any alliance** [**which is seen in animals (apart from human beings)**]]. – 경찰대응용

연구자들은 [수천 시간을 보낸 / 큰돌고래의 행동을 관찰하는 데]
/ 발견했다 // 수컷들이 (서로) 사회적 동맹을 형성하는 것을
[어떤 동맹보다도 훨씬 더 정교한 [(동물들에게서 보이는 (인간을 제외한)]].

QUESTION ②

✔ spend+시간[돈]+(in) v-ing: v하는 데 시간[돈]을 쓰다
✔ 관계대명사 that의 선행사는 바로 앞의 one another가 아닌 social alliances이다.
✔ 관계대명사 that절 내의 which is seen ~ human beings는 any alliance를 수식하는 주격 관계대명사절이며, 그 안의 apart from human beings는 animals를 수식하는 전치사구이다.

---

114 When a counselor's client seeks information **(regarding the direction [∨ he or she should take])**, **(like what choice to make or what approach to use)**, // there is ever present a strong temptation **(on the counselor's part) (to tell him or her what to do)**, / which is avoided / to allow clients to make independent decisions.

상담자의 내담자가 정보를 찾을 때 (방향에 관한 [자신이 취해야 하는]),
(어떤 선택을 할지 또는 어떤 접근법을 이용할지와 같은), //
강한 유혹이 항상 존재한다 (상담자의 입장에서) (내담자에게 무엇을 해야 할지를 말하고 싶은),
/ (그런데) 이것은 하지 않도록 된다 / 내담자가 독자적인 결정을 할 수 있게 하기 위해.

✔ when절에서 두 개의 전명구 regarding ~ take와 like ~ to use가 앞의 명사 information을 수식하고 있다. 첫 번째 전명구 내의 the direction은 목적격 관계사가 생략된 관계사절의 수식을 받는 구조이다.
✔ 명사 a strong temptation을 전명구(on ~ part)와 to부정사구(to tell ~ to do)가 수식하고 있다.
✔ 관계대명사 which는 앞 절 전체를 선행사로 하여 보충 설명한다.

UNIT
12 수식어구의 범위

115 Adolescence is considered to be the time [∨ **teenagers go through biological development, and, (more importantly), form personal identities**].

청소년기는 (~하는) 시기로 여겨진다 [십 대들이 생물학적 성장을 겪고,
(더 중요하게는), 개인의 정체성을 형성하는].

QUESTION teenagers go through ~ identities

✔ ∨ 자리에는 관계부사 when이 생략되었다. 관계부사절(teenagers ~ identities)이 선행사 the time을 수식하고 있다.

116 We often provide lengthy scientific explanations for children's questions, // which can be much better answered / with a picture **[that can make them imagine]** or a direct experience **(of something similar).** – 모의응용

우리는 종종 아이들의 질문에 장황한 과학적 설명을 해준다. //
그런데 그것(질문)은 훨씬 더 나은 대답이 될 수 있다 / 그림 한 장으로 [그들을 상상하게 할 수 있는] 또는
직접적 경험으로 (비슷한 어떤 것의).

> **QUESTION** that can make them imagine

117 The government introduced a new system / to allow the poor to borrow money **[they couldn't afford ●]** / to relieve their financial difficulties and social issues.

정부는 새로운 시스템을 도입했다 / 가난한 사람들이 돈을 빌릴 수 있도록 하기 위해
[그들이 감당할 수 없는] / 경제적 어려움과 사회 문제들을 완화하기 위하여.

> **QUESTION** they couldn't afford
> 해설 | 목적격 관계대명사가 생략된 관계사절 they ~ afford가 앞의 명사 money를 수식하고 있다. ●는 생략된 목적격 관계대명사가 대신하고 있는 목적어의 원래 위치이다.

✔ to relieve ~ issues는 목적의 의미를 나타내는 부사적 용법의 to부정사구로, money를 수식하는 관계사절에 포함된 어구가 아님에 주의한다.

118 We strive towards the day **[when nations will be judged** / not by their military or economic strength, **nor** by the splendor of their capital cities and public buildings, / **but** by the well-being of their children]**. – UNICEF ((유니세프, 국제 연합 아동 기금))

우리는 그날을 향하여 노력한다 [나라들이 판단될 / 그 나라의 군사적 혹은
경제적 힘에 의해서가 아니라, 그 나라의 수도와 공공건물의 화려함에 의해서도 아니라, /
그 나라 아이들의 복지에 의해서].

✔ when 이하의 관계부사절이 선행사 the day를 수식하고 있다.
✔ not A, nor B, but C: A도 B도 아니라 C

119 Reading is an incredibly complex psycholinguistic activity **(involving** / not only phonemic awareness and alphabet recognition, / **but also** comprehension in all its facets / — reading between the lines, inferring meaning, and detecting the author's bias). – 경찰대응용

독서는 놀랍도록 복잡한 심리 언어학적 활동이다 (포함하는 /
음소 인식과 철자 인지뿐만 아니라, / 독서의 모든 측면에서의 이해도 (포함하는),
/ 즉 행간을 읽고, 의미를 추론하며, 작가의 성향을 감지하는 것).
↳ 독서는 음소와 철자의 인식뿐만 아니라, 행간을 읽고 의미를 추론하고 작가의 성향을 감지하는 등 모든 면에서의 이해를 포함하는 놀랍도록
복잡한 심리 언어학적 활동이다.

✔ involving 이하의 현재분사구가 앞의 명사 an incredibly ~ activity를 수식하고 있다.
✔ not only A but also B: A뿐만 아니라 B도
✔ 대시(—) 이하의 reading between ~ bias는 comprehension in all its facets를 부연 설명한다.

120 Anger is the most impotent of passions. It effects <u>nothing</u> [∨ **it goes about**], / and

hurts <u>the one</u> [**who is possessed by it**] / more than <u>the one</u> [**against whom it is**

directed]. – Carl Sandburg ((美 시인))

분노는 격한 감정 중 가장 무능하다. 그것은 어떤 것도 이루지 않는다 [그것이 다루는], / 그리고
사람을 아프게 한다 [그것에 사로잡힌] / 사람보다 더 [그것이 겨눠진].

✔ ∨ 자리에는 목적격 관계대명사 that이 생략되었다.
✔ 세 개의 관계사절(it goes about, who ~ it, against whom ~ directed)에 쓰인 it은 모두 분노(Anger)를 가리킨다.

---

121 Take time out to do <u>things</u> [**that you enjoy** ●] after work / in order to reduce

<u>the stress</u> [**which you experience** ● **during your working hours**].

(어떤) 것을 하기 위해 시간을 내라 [당신이 즐기는] 퇴근 후에 / 스트레스를 줄이기 위해서
[당신이 근무 시간 동안 겪는].

✔ ●는 목적격 관계대명사가 대신하고 있는 목적어의 원래 위치이다.

---

122 Hardly any two words in a language / have precisely the same meaning and usage; //

and we can seldom put a word / in place of <u>the one</u> [**which a great writer has used**] /

without making a change for the worse. – 모의응용

한 언어에서 어떠한 두 단어도 거의 (~하지) 않는다 / 정확히 똑같은 의미와 용법을 갖지 (않는다) //
그래서 우리는 좀처럼 어떤 단어를 둘 수 없다 / 단어를 대신하여 [위대한 작가가 사용한] /
더 나쁜 쪽으로 변화시키지 않고서.

↳ 정확히 똑같은 의미와 용법을 갖는 단어는 거의 없다. 그래서 위대한 작가가 사용한 단어를 대신하여 어떤 단어를 사용하면, 더 나쁜 쪽으로
바뀌게 된다.

QUESTION ②

✔ Hardly any는 '~가 거의 없는'이라는 의미로 two words를 수식한다. 부정어가 뒤의 명사를 수식하는 주어의 일부인 경우로 주어와
(조)동사의 도치가 일어나지 않는다.
✔ 두 번째 문장은 두 개의 부정어 seldom, without이 쓰인 '~하지 않고 …하지는 못한다'라는 이중부정의 의미로, '…하려면 (반드시) ~한다'
라는 강한 긍정을 뜻한다.

---

123 I cannot help fearing // that men may reach <u>a point</u> [**where they look on every new**

theory as a danger, / **every innovation as a toilsome trouble**, / **every social advance**

as a first step toward revolution], / and that they may absolutely refuse to move at

all. – Alexis de Tocqueville ((프랑스 정치학자))

나는 두려워하지 않을 수 없다 // 사람들이 지점에 이를 수도 있다는 것을 [그들이 모든 새로운
이론을 위험으로 여기는, / 모든 혁신을 힘든 문제로 (여기는), / 모든 사회적 진보를
혁명을 향한 첫걸음으로 (여기는)], / 그리고 그들이 조금이라도 바뀌는 것을 완전히 거부할 수도 있다는 것을.

✔ a point를 수식하는 관계부사 where절 안에 〈look on A as B (A를 B로 여기다)〉 구문 세 개가 나열되었다.
✔ and로 연결된 두 개의 that절은 fearing의 목적어 역할을 하는 명사절이다.

동명사의 관용적 표현

- cannot help v-ing   v하지 않을 수 없다 (= cannot (help) but v, have no choice but to-v)
- there is no v-ing   v할 수 없다 (= it is impossible to-v)
- feel like v-ing   v하고 싶다
- by v-ing   v함으로써
- in v-ing   v함에 있어서
- on v-ing   v하자마자; v할 때
- keep A from v-ing   A가 v하지 못하게 하다
- it is no use[good] v-ing   v해도 소용없다 (= it is of no use to-v)
- it goes without saying that ~   ~은 말할 필요도 없다 (= it is needless to say that ~)
- spend+시간[돈]+(in) v-ing   v하는 데 시간[돈]을 쓰다
- have difficulty[trouble, a hard time] (in) v-ing   v하는 데 어려움을 겪다

---

124 The enemy of "learning" is "knowing," // since knowing means / you won't see

the assumptions **[that exist behind what you think and know],** / which means /

that the thinking process **(leading to knowing)** may never be revisited. – 모의응용

'배움'의 적은 '아는 것'이다. // 안다는 것은 의미하기 때문에 / 당신이 가정을 보지 않을 것임을
[당신이 생각하고 아는 것 이면에 존재하는], / (그리고) 이것은 의미한다 /
(아는 것으로 이어지는) 사고 과정이 절대 다시 찾아오지 않을지도 모른다는 것을.

SUMMARY **a lack of** | 무언가를 제대로 배우는 것은 기존 지식의 부족을 필요로 한다.

✔ which는 접속사 that이 생략된 앞의 명사절(you won't see ~ you think and know)을 선행사로 하여 보충 설명하는 관계대명사이다.

---

125 In a study of behavior toward genetically modified food, / participants actually received

the food options **[they chose ●]** / to encourage truthful responding.

유전자 변형 식품에 대한 어느 행동 연구에서, / 참가자들은 실제로
식품 선택 품목을 받았다 [자신들이 선택한] / 진실된 응답을 장려하기 위해.

✔ 목적격 관계대명사가 생략된 관계사절 they chose가 앞의 명사 the food options를 수식하고 있다.

✔ to encourage truthful responding은 목적의 의미를 나타내는 부사적 용법의 to부정사구로, the food options를 수식하는 관계사절에 포함된 어구가 아님에 주의한다.

UNIT
1 3 삽입절을 포함하는 관계사절

---

126 Some readers turn to history for adventure and escape; // others seek the lessons
[which (they believe) it will teach].

몇몇 독자들은 모험과 (위험) 도피를 위해 역사에 의존한다 // 다른 독자들은 교훈을 구한다
[(그들이 믿기에) 역사가 가르쳐 줄].

QUESTION (they believe)

- 관계대명사 뒤에 〈S+believe〉가 콤마 없이 삽입되었다.
- 여기서 others는 other readers를 의미하며, it은 history를 가리킨다.

127 Believe it or not, // the substance **[that (we believe) is cleansing us]** / is actually
hurting us / by polluting our environment.

믿거나 말거나, // 물질은 [(우리가 생각하기에) 우리를 깨끗하게 하고 있는] / 사실상
우리를 해치고 있다 / 우리의 환경을 오염시킴으로써.

- Believe it or not = Whether you believe it or not

128 The information technology explosion has enabled / patients to become much more
knowledgeable about medical matters / than they used to be, // so sometimes they form
firm views about the treatment **[that (they think) is appropriate for their condition]**.

– 모의응용

정보 기술의 폭발적인 증가는 ～하게 했다 / 환자들이
의학적인 문제들에 관해 훨씬 더 많이 알게 / 예전에 그랬던 것보다. // 그래서 때때로 그들은
치료에 관한 확고한 견해를 형성한다 [(자신들이 생각하기에) 자신들의 질병에 적절한].

- they used to be는 뒤에 knowledgeable about medical matters가 반복되어 생략된 형태로 과거의 상태(used to-v)를 나타낸다.

129 Not all sources of information are reliable, // so you should evaluate all of your sources
of information / and use only those **[that (you think) are dependable]**.

모든 정보의 출처가 신뢰할 만한 것은 아니다. // 그래서 당신은 당신의 모든 정보의 출처들을 감정해야 하고
/ (～한) 것들만 활용해야 한다 [(당신이 생각하기에) 믿을 수 있는].

QUESTION dependable

해설 | 모든 정보의 출처가 신뢰할 만한 것은 아니니 그것들을 감정해야 한다고 했으므로, those(정보의 출처들)를 수식하는 말로 적절한 것은
'믿을 수 있는'이라는 의미의 dependable이다. debatable은 '논란의 여지가 있는'의 의미이다.

- not all ~: 모두 ~은 아니다 ((부분부정))
- 여기서 those는 sources of information을 가리킨다.

130 Many designers, (working on a project), assemble images (of the sort of people [for
whom the product is intended], / the surroundings **[in which (they suppose) it will
be used]**, / and other products [that the intended user group might own]), / seeking
to capture the flavor of their life-style.

(프로젝트를 진행하는) 많은 디자이너는 이미지들을 조합한다 / (사람들 부류의
[그 제품이 대상으로 삼는]. / 환경의 [(그들이 예상하기에) 그 제품이 사용될].

/ 그리고 다른 제품들의 [대상으로 삼은 사용자 그룹이 소유하고 있을지 모르는]), /
그들(그 사용자 그룹)의 라이프 스타일 특징을 정확히 포착하려 애쓰며.

✔ images를 수식하는 of 이하의 전명구(of the sort ~ might own)에서 of의 목적어 세 개(the sort of people, the surroundings, other products가 and로 연결되었다. 이 목적어들을 세 개의 관계사절(for whom ~, in which ~, that ~)이 각각 수식하는 구조이다.

✔ seeking 이하는 동시동작을 나타내는 분사구문이다.

---

131 If we value diversity or the unusual for its own sake, // we will be forced into valuing things **[which (it seems) we do not want to value]** / — randomly creating odd species, or unusual, immoral practices // only because they are diverse.

만약 우리가 다양성이나 특이한 것을 그 자체로 가치 있게 여긴다면, // 우리는 (~인) 것들을 가치 있게 여기게 될 것이다
[(보기에는) 우리가 가치 있게 여기고 싶지 않은] / 그래서 마구잡이로 이상한 종이나
특이하고 비도덕적인 관행을 만들어낼 것이다 // 그것들이 다양하다는 이유만으로.

✔ randomly creating 이하는 결과를 나타내는 분사구문으로 '그래서 …하다, ~하여'로 해석된다.

---

132 A recent study shows // that aging does not affect the amount of information **[that (you expect) you can absorb ● in a given period]**. And once you've learned it, // you'll probably retain it / as well as a younger person does. –모의응용

최근의 한 연구는 보여준다 // 노화는 정보의 양에 영향을 미치지 않음을
[(당신이 기대하기에) 특정한 기간에 받아들일 수 있는]. 그리고 일단 당신이 정보를 학습하면, // 당신은
아마도 그것을 유지할 것이다 / 더 젊은 사람이 유지하는 것만큼 잘.

SUMMARY little | 최근 연구에 따르면, 노화는 학습 능력과 관련이 <u>거의 없다</u>.

✔ ●는 목적격 관계대명사절의 선행사 the amount of information이 원래 위치했던 자리이다.

✔ as well as a younger person does에서 does는 retains를 대신하는 동사이다.

---

133 With only few exceptions, / my teenagers now love vegetables, **[which (they used to say) were disgusting]**, // and so I include them in every meal.

거의 예외 없이, / 내 십 대 자녀들은 이제 채소를 좋아한다, [(그들이 전에 말하기를)
정말로 싫다던], // 그래서 나는 매 끼니에 채소를 포함시킨다.

---

134 You've probably had science and math classes in school, / but not lessons on how to manage your money, // **which (some might say) is equally or more important / than other subjects in the syllabus.**

여러분은 아마 학교에서 과학과 수학 수업을 받았을 것이다. / 하지만 수업은 받지 못했을 것이다
돈을 관리하는 방법에 대한, // 이는 (어떤 사람들은 말할지도 모르는데) 동등하게 중요하거나 더 중요하다 /
강의 개요의 다른 과목들과 비교하여.

✔ but 뒤에는 had가 반복되어 생략되었다.

✔ how+to-v: v하는 법, 어떻게 v하는지

✔ which 이하의 관계사절은 how to manage your money를 보충 설명한다.

---

135 The simple act of eating, / **which (most of us know) is taken for granted,** / is a daily challenge for children (with food allergies) // because even a small bite of an allergen / could have tragic consequences.

단순한 식사 행위는 / (우리 대부분이 알기에) 당연한 것으로 여겨지는데 /
(음식 알레르기가 있는) 아이들에게는 매일 겪는 어려움이다 // 왜냐하면 알레르기를 유발하는 물질을 조금만 먹어도 /
비극적인 결과를 낳을 수 있기 때문이다.

✔ which ~ granted는 선행사 The simple act of eating을 보충 설명하는 주격 관계대명사절이다. which 다음의 most of us know는 삽입절이다.

136 Some contact or acquaintance (between people) / is an essential precondition for the
formation of a relationship. Evidence (from some researchers) **documents** / the
                               S   V
obvious fact [that the less the physical distance, // the more likely they are to develop
       O   =
social visiting relationships]. – 사관학교응용

(사람들 간의) 어떤 접촉이나 친분은 / 관계 형성을 위한 필수적인 전제 조건이다.
(일부 연구자들의) 증거는 뒷받침한다 /
명백한 사실을 [물리적 거리 차이가 적을수록, // 사교상의 서로 왕래하는 관계를 발전시킬 가능성이 더 높다는].

   QUESTION documents

✔ 두 번째 문장의 주어는 Evidence, 동사는 documents이다. document는 '서류, 문서'를 뜻하는 명사로 주로 쓰이지만, 동사로도 쓰여
   '문서화하다, 기록하다; 뒷받침하다, 서류로 입증하다' 등의 뜻을 갖는다.
✔ the obvious fact와 동격인 that절에 〈the+비교급 ~, the+비교급 ...(~하면 할수록 더욱더 …하다)〉 구문이 쓰였다.

137 Animal rights activists **question** // whether research with animals / is necessary for
                           S   V   O₁
scientific and medical progress, / and if all of the experiments and the animals used /
                                                                    O₂
are justified and required.

동물 보호 운동가들은 이의를 제기한다 // 동물을 이용하는 연구가 /
과학적, 의학적 발전을 위해서 필수적인 것인지, / 그리고 그 모든 실험과 이용되는 동물들이 /
정당하고 필요한 것인지.

✔ question은 명사로는 '질문, 의문'의 뜻으로 쓰이지만, 동사로는 '질문하다; 이의를 제기하다'의 뜻을 갖는다.
✔ whether와 if가 각각 이끄는 두 개의 명사절이 동사 question의 목적어 역할을 한다.

138 When it is dry, // the cactus **contracts** like an accordion / to minimize the surface area
                                     S   V
(exposed to the sun) / and retain as much water as possible. – 모의

건조할 때, // 선인장은 아코디언처럼 수축한다 / 표면적을 최소화하기 위해
(태양에 노출되는) / 그리고 가능한 한 많은 수분을 보유하기 위해.

✔ '계약'이라는 의미의 명사로 주로 쓰이는 contract는 동사로는 '수축하다, 줄어들다' 등의 뜻을 갖는다.
✔ 부사적 용법의 to minimize 이하는 '목적(v하기 위해)'의 의미로 쓰였다.
✔ retain은 앞에 to가 생략된 형태로 to minimize와 접속사 and로 병렬 연결되었다.

139 In most Western cultures, / messages usually **concern** ideas (presented in a logical
                                     S   V   O
sequence). The speaker tries to say what is meant / through precise wording, // and the
content of the language is more objective than personal.

대부분의 서양 문화에서, / 메시지는 대개 (논리적 순서로 제시되는) 생각과 관련된다.
화자는 의미하는 바를 말하려고 한다 / 정확한 단어 선택을 통해, // 그리고
그 언어의 내용은 개인적이라기보다는 객관적이다.

   QUESTION concern

✔ concern은 명사(관심사; 걱정)와 동사(관련되다; 걱정하게 만들다) 둘 다로 자주 쓰인다.
✔ what is meant는 say의 목적어 역할을 하는 관계사절이다.

140 One study evaluated the efficacy of a daily multivitamin (to prevent cognitive
　　　 S　　　 V　　　　　　 O　　　　　　　　　　 =

decline) / among 5,947 elderly males. – 사관학교
　O′

한 연구가 일일 종합 비타민의 효능을 평가했다 (인지 저하를 예방하는)
/ 5,947명의 노인 남성들 사이에서.

QUESTION ①
해설 | 문장의 동사는 evaluated이고, decline은 이 문장에서 동사가 아니라 '저하, 감소'라는 뜻의 명사로 쓰였다.

---

141 Old age occurs // **the moment** you realize / there isn't something wonderful (about to
　　　　　　　　　　　　　 S′　 V′　　　　　　　　　　 O′

happen) / just around the corner.

노년은 시작된다 // 당신이 깨닫자마자 / 멋진 무언가가 없다는 것을
(막 일어나려고 하는) / 이제 곧.
↳ 멋진 일이 곧 일어나지 않을 것을 깨닫는 순간 사람은 늙기 시작한다.

✔ 여기서 the moment는 '~하자마자'라는 뜻의 접속사로 쓰였다.
　= the instant, the minute, as soon as, no sooner ~ than, hardly[scarcely] ~ when[before]

---

142 **Now that** knowledge **matters** more than ever, // higher education is central to the
　　　　　　　 S′　　　 V′

growth strategy of most countries.

지식이 그 어느 때보다 더 중요하기 때문에, // 고등 교육은 대부분의 국가에서 가장 중요한 성장 전략이다.

✔ now that: ~이기 때문에, ~이므로
✔ 여기서 matter는 '중요하다'라는 뜻의 동사로 쓰였는데, '문제, 일' 등을 뜻하는 명사로도 많이 쓰인다.

---

143 The various religions are like different roads (converging on the same point).

What difference does it make / if we follow different routes, // **provided** we arrive
　　　　　　　　　　　　　　　　　　　　　　　　　　　　　 S′　 V′

at the same destination? – Mahatma Gandhi

다양한 종교들은 각기 다른 길과 같다 (같은 지점에 모이는).
무슨 차이가 있겠는가 / 우리가 다른 길을 따를 지라도, // 만약 우리가 같은 목적지에 도착한다면?

✔ 두 번째 문장의 it은 '다른 길을 따라가는 것(following different routes)'을 의미한다.
✔ 여기서 if는 '~일지라도, ~이라 하더라도'라는 양보의 의미이다.
✔ 여기서 provided는 동사의 과거형이 아니라, '(만약) ~라면'이라는 조건의 의미를 나타내는 접속사로 쓰였다.

---

144 Our species is so careless and indifferent / not only to forgo action (**regarding** the

obvious environmental threats [we face]) / but to ignore them altogether.

우리 종(인간)들은 매우 부주의하고 무관심하다 / 조치를 보류할 뿐 아니라
([우리가 직면한] 명백한 환경 위협에 관하여) / 또한 그것들을 완전히 무시하다니.

SUMMARY apathetic | 인간은 환경 문제에 무관심하다.

✔ 판단이나 추측의 내용(so careless and indifferent) 다음에 오는 to-v는 이유나 근거(v하다니, v하는 것을 보니)를 나타낸다.
✔ 두 개의 to부정사구가 〈not only ~ but (also) ...〉로 병렬 연결되었다.
✔ 여기서 regarding은 '~에 관하여'라는 뜻의 전치사이다.

145 In children, / pairing foods with the presence (of friends, a liked celebrity, or attention
    S
by adults) all / increases liking for those foods, // **no doubt** reflecting the positive value
              V
of each of these groups to the children.

아이들에게는, / 음식을 (친구, 좋아하는 연예인, 또는 어른들의 관심의) 존재와 짝을 맞추는 것은 모두
/ 그 음식에 대한 선호도를 증가시킨다. // 분명 이들 각 집단의 긍정적인 가치를 아이들에게 반영할 것이기에.

- pairing ~ adults의 동명사구가 문장의 주어이고, increases가 동사로 쓰였다.
- no doubt는 '분명[아마] ~일 것이다'라는 의미로 부사 probably, almost certainly와 같은 의미를 지니며, reflecting 이하는 이유를 나타내는 분사구문이다.

146 **To date** we know of at least 3,700 exoplanets // and there are likely to be trillions of
other potentially habitable exoplanets and exomoons / in our galaxy and beyond. − 경찰대

지금까지 우리는 적어도 3,700개의 외계 행성을 알고 있다 // 그리고 잠정적으로 거주하기에 적당한 수조 개의
다른 외계 행성과 외계 위성이 있을 것이다 / 은하계와 그 너머에.

- to date = up to now, until today[now], so far (지금까지)

F·Y·I 외계 행성(exoplanet): 태양계 밖에 있는 별 주위를 도는 행성이다. 2017년 중반까지 3,500개 이상의 외계 행성이 공식 등록되었으며, 이 중 2천여 개는 미국 항공우주국(NASA)에서 2009년에 발사한 케플러 우주 망원경으로 발견된 행성이다. 이 외계 행성의 궤도를 도는 자연 위성을 외계 위성(exomoon)이라고 한다.

UNIT
1 5   **부사의 자유로운 위치**

147 Audiences are encouraged **by the media** / to accept their news reports as the last
word / on any particular topic or event.

시청자들은 매체에 의해 조장된다 / 그것들의 뉴스 보도를 결정적인 사실로 받아들이도록
/ 어떤 특정한 주제나 사건에 대해서도.

QUESTION ▶ **by the media**

- their = the media's

148 To stop being late, / all one has to do is ∨ change the motivation / by deciding //
that **in all circumstances** being on time is going to have first priority / over any
                                  S′   V′
other consideration. − 모의

지각하는 것을 멈추기 위해서, / 해야 할 일이라곤 동기를 바꾸는 것뿐이다 / 결정함으로써 //
모든 상황에서, 시간을 잘 지키는 것이 최우선권을 가질 것이라고 / 다른 어떤 고려 사항보다도.

QUESTION ▶ **being on time**

- To stop being late는 '목적'을 나타내는 부사적 용법이다.
- ∨ 자리에는 to가 생략되었다. all, the only[first] thing, what 등이 이끄는 주어부에 동사 do가 포함되어 있을 때, to-v가 문장의 보어로 나오면 to를 생략할 수 있다.
  e.g. What you need to do is (to) study more. (네가 해야 하는 것은 더 공부하는 것이다.)
  참고로 all은 대명사로 쓰였을 때 사람을 가리키면 복수, 사물을 가리키면 단수로 취급한다. 따라서, all one has to do 뒤에서 단수동사가 왔다.
- 접속사 that 바로 뒤에 부사구 in all circumstances가 위치하여 〈접속사 that+부사구+주어+동사 ~〉의 구조로 쓰였다.

149 It is necessary to manifest gratitude / to the thousands of doctors and researchers all over the world [who **with great generosity and professionalism** dedicate themselves daily with all their strength / to the service of the suffering and to the curing of illnesses].
_{V'}
_{O'}

감사를 표현할 필요가 있다 / 전 세계 수천 명의 의사와 연구자에게
[큰 관대함과 전문성을 가지고 매일 온 힘을 다하여 헌신하는
/ 고통받는 사람들을 위한 봉사와 질병의 치료에].

QUESTION ▶ dedicate

✔ who 이하의 주격 관계대명사절이 선행사 the thousands of doctors ~ the world를 수식한다. 이 관계사절은 〈주격 관계대명사＋부사구＋동사 ~〉의 구조로 쓰였다.
✔ dedicate oneself to A: A에 헌신하다

---

150 Those [who love the world] learn **with great effort** / the art of obtaining and enjoying
_S _V _O
what they love.

[세상을 사랑하는] 사람들은 열심히 배운다 / 그들이 사랑하는 것을 얻고 즐기는 기술을.

✔ 문장의 동사와 목적어 사이에 부사구 with great effort가 위치한 형태이다.

---

151 One way (to help keep life's slings and arrows from knocking you off course) / is
_{S₁} _{V₁}
to ensure / ∨ your life is multidimensional, // and **that way**, a setback in any one area
_{C₁} _{S₂}
won't mean **in your mind** / that you're a complete failure. − 모의응용
_{V₂} _{O₂}

한 가지 방법은 (삶의 역경이 당신을 (인생의) 경로를 벗어나도록 만들지 못하게 하는 것을 돕는) /
확실히 하는 것이다 / 당신의 삶이 다차원적이라는 것을 // 그리고 그런 식으로, 어떤 한 영역에서의 좌절은
당신의 마음속에서 의미하지 않을 것이다 / 당신이 완전한 실패자라는 것을.

FILL-IN ▶ ②
해설 | 한 영역에서의 실패가 완전한 실패를 의미하지 않을 것이라는 내용으로 보아, 삶에 여러 영역이 있음이 언급됐음을 유추할 수 있으므로 '다차원의, 다양한'이라는 뜻의 multidimensional이 적절하다. straightforward는 '간단한'이라는 뜻이다.

✔ keep A from B: A가 B하지 못하게 하다
✔ ∨ 자리에는 to ensure의 목적어 역할을 하는 명사절을 이끄는 접속사 that이 생략되었다.
✔ 부사구 that way가 주어 앞에, in your mind가 동사와 목적어 사이에 위치한 형태이다.

---

152 Health was **for many East Asians both previously and today** dependent / on the
_S _V _C
balance of forces in the body |and| the relationships (between every part of the body and almost every other part).

과거와 오늘날 둘 다의 많은 동아시아인들에게 건강은 (~에) 좌우되었다 /
신체 내의 힘의 균형 그리고 관계에 (신체 모든 부위와
거의 모든 다른 부위 사이의).

✔ 동사 was와 보어 dependent 사이에 부사구 for many ~ today가 위치한 형태이다.

153 Just as **inside a living body**, <u>the heart, lungs, and bloodstream</u> <u>work</u> constantly / to
　　　　　　　　　　　　　　　　　　　　S′　　　　　　　　　　　V′
supply oxygen to every living cell, // the communication system in an organization /
supplies its smallest units (— the employees —) with the most valuable thing:
information.

생체 내에서 심장, 폐, 혈류가 끊임없이 움직이는 것처럼 /
모든 살아있는 세포에 산소를 공급하기 위해, // 조직에서 의사소통 체계는 /
조직의 가장 작은 단위에게 (즉, 직원들) 가장 가치 있는 것, 즉 정보를 제공한다.

　QUESTION　 oxygen: information, every living cell: the employees

✔ 접속사 Just as와 절의 주어 사이에 부사구 inside a living body가 위치한 형태이다.
✔ supply A to B: A를 B에게 제공하다 (= supply B with A)
✔ 대시(—) 안의 the employees는 앞의 its smallest units를, 콜론(:) 뒤의 information은 the most valuable thing을 보충 설명한다.

154 <u>The advocates of the free market economy</u> <u>argue</u> // <u>that **to be left to itself, (unhindered</u>
　　　　S　　　　　　　　　　　　　　　　　V　　　　　　　O
by state intervention), / the market will deliver the maximum good to society.
　　　　　　　　　　　　　　　　S′　　　　　V′

자유 시장 경제의 지지자들은 주장한다 // 그 자체로 내버려지면,
(정부의 간섭으로 제약받지 않고), / 시장은 사회에 최대의 이익을 가져다줄 것이라고.

　SUMMARY　 greater | 자유 시장의 지지자들은 경제가 더 자유로울수록, 시장은 더 많은 이익을 얻을 것이라고 주장한다.

✔ 여기서 to부정사구(to be left ~ intervention)는 조건(v하면)의 의미를 나타내는 부사적 용법으로, argue의 목적어 역할을 하는 명사절을 이끄는 접속사 that과 that절의 주어 the market 사이에 위치한 형태이다. unhindered by state intervention은 동시동작을 나타내는 분사구문으로, 앞에 being이 생략되어 있다.

155 In fact, / there is 　so　 much salt in the seas of the world // 　that　 if it were possible /
to remove the salt and spread it over, (for example), the United States, / some
people believe / ∨ it would form a layer a mile thick!

사실, / 세계의 바다에는 소금이 아주 많아서 // 만약 (~이) 가능하다면 /
그 소금을 옮겨 그것을 (예를 들어) 미국 위에 펼치는 것이, /
어떤 사람들은 믿는다 / 그것이 1마일 두께의 층을 형성할 것이라고!

✔ 〈so ~ that ...(아주 ~해서 …하다)〉의 that절에서 that과 that절의 주어 some people 사이에 부사절인 if it ~ the United States가 위치한 형태이다.
✔ ∨ 자리에는 believe의 목적어 역할을 하는 명사절을 이끄는 접속사 that이 생략되었다.

156 When making decisions, // make sure to identify your preferences early on; // otherwise
you may feel overwhelmed by choices [that **in many ways** look identical].

결정을 내릴 때, // 당신의 선호를 확인하는 것을 처음에 확실히 하라 // 그렇지 않으면
선택 사항들에 압도된다고 느낄 수 있다 [여러 면에서 똑같아 보이는].

　QUESTION　 ① | ① 좋아하는 것을 분명히 하지 않으면　② 선택 사항이 너무 많아 감당할 수 없다면
해설 | otherwise는 '만약 그렇지 않으면'이라는 뜻의 접속사로 앞 문장의 make sure ~ early on과 상반되는 내용을 의미하는 ①이 적절하다.

✔ 선행사 choices를 수식하는 주격 관계대명사절 내에서 관계사 that과 동사 look 사이에 부사구 in many ways가 위치한 형태이다.

157 As wildfire season raged in California this fall, // a start-up [that **with its cutting-edge technology** used artificial intelligence / to pinpoint the location of blazes there within minutes] / was **in some cases** far faster / than firefighters would have been.

올가을 캘리포니아에서 산불 시기가 맹렬히 계속되는 가운데, // 한 신생 기업이 [자신의 첨단 기술로
인공 지능을 사용한 / 몇 분 안에 그곳에서 화재의 위치를 정확히 찾아내기 위해]
/ 어떤 경우에는 훨씬 더 빨랐다 / 소방관이 그랬을(화재 위치를 정확히 찾아냈을) 것보다.

☑ 문장의 주어인 선행사 a start-up을 수식하는 주격 관계대명사절 내에서 관계사 that과 동사 used 사이에 부사구 with its cutting-edge technology가 위치한 형태이다.
☑ 문장의 동사인 was와 보어 far faster 사이에 부사구 in some cases가 위치한 형태이다.

UNIT
1 6 분사구문의 특이한 형태

158 *Two languages* being at hand, / bilingual citizens have many cultural and occupational advantages.

두 언어를 항상 사용할 수 있기 때문에, / 2개 국어를 사용하는 국민들은 많은 문화적,
직업적 이점을 가진다.

QUESTION ▶ **Two languages**
해설 | 분사구문의 의미상 주어가 문장의 주어와 다를 때는 분사구문의 의미상 주어를 따로 명시한다. 이 문장에서 being at hand의 의미상 주어는 Two languages로, 문장의 주어인 bilingual citizens와 달라 써준 경우이다.

☑ = As[Since, Because] two languages are at hand, bilingual citizens have ~.

159 A composition in narrative style follows a chronological order, / with *one action* following another, // just as things happened / in the original experience.

이야기체의 구성은 시간 순서를 따른다. / 한 사건이
다른 사건의 뒤를 이으면서, // 마치 사건들이 일어났던 것처럼 / 본래의 경험에서.

QUESTION ▶ **one action**
☑ 〈with+O+v-ing[p.p.]〉는 문장의 동사와 동시에 일어나는 상황을 나타내며, 'O가 v하면서[v되어]'로 해석한다. O와 분사의 관계가 능동이면 v-ing, 수동이면 p.p.를 사용한다.

160 With their ability (to network and communicate with each other), / *young people* rely on each other's opinions / more than ∨ marketing messages / *when* making purchase decisions. – 모의

(서로 간의 연락망을 구축하고 의사소통하는) 능력을 지녀, / 젊은 사람들은
서로의 의견에 의지한다 / 마케팅 메시지보다 더 / (젊은 사람들이) 구매 결정을 내릴 때.

QUESTION ▶ **young people**
☑ ∨ 자리에는 반복되는 전치사 on이 생략되었다.
☑ 분사구문의 의미를 명확히 하기 위해서, 분사구문 앞에 접속사 when을 두었다.
☑ = ~ when they(= young people) make purchase decisions.

161 Confident about themselves and their abilities, / *children* [who have high self-esteem] / are more likely to fulfill their potential.

(자존감이 높은 아이들은) 자기 자신과 자신들의 능력에 자신감이 있어서, / [자존감이 높은] 아이들은
/ 잠재력을 실현시킬 가능성이 더 높다.

QUESTION children who have high self-esteem

- Confident 앞에 Being이 생략되었다.
- =As[Since, Because] children who have high self-esteem are confident about ~, they are more ~.

162 Our adventures in space have been a hymn of national purpose for a half-century, / *the many high notes of success* colored with gloomy tones of failure.

우리의 우주 모험은 반세기 동안 국가적 목표의 찬가였다, /
(그러나) 성공의 많은 높은 음(정점)들은 실패의 우울한 음조로 물들여졌다.
↳ 우주 모험은 국가적으로 받들여졌지만, 많은 성공 외에도 우울한 실패가 공존했다.

- the many high notes of success가 분사구문의 의미상 주어이다. 의미상 주어가 '물들여진' 수동의 의미이므로 과거분사 colored가 쓰였다.
- = ~, though the many high notes of success have been colored with ~.

163 Of all the thinkers of antiquity, / Aristotle was perhaps one of the most comprehensive, / *his works* ranging over the landscape of knowledge, such as physics, politics, and ethics. —사관학교응용

고대의 모든 사상가 중에서, / 아리스토텔레스는 아마도 가장 해박한 사람 중 한 명이었을 것이다. /
그의 작품들이 물리학, 정치학, 윤리학과 같은 지식 분야를 다루었기에.

- 분사구문의 의미상 주어인 his works가 지식 분야를 '다룬' 능동의 의미이므로 현재분사 ranging이 쓰였다.
- = ~, as[since, because] his works ranged over ~.

164 People [who cannot accept courtesy // when it comes their way] / feel uneasy // if kindness seems to come to them / with *no strings* attached.

사람들은 [친절을 받아들이지 못하는 // 그것이 그들에게 베풀어질 때] / 불안하게 느낀다 //
만약 친절이 자신들에게 베풀어지는 것 같으면 / 아무런 조건도 붙지 않은 채로.

- 분사의 의미상 주어인 with의 목적어 strings와 attach는 수동 관계이므로 과거분사 attached가 쓰였다.

165 Machines may sometimes be troublesome, frustrating, and even harmful; // *once* accustomed to the advantages [they provide], however, // you feel / that they are almost indispensable to your daily life. —경찰대

기계는 때때로 골칫거리이고, 실망스러우며, 심지어는 해로울지도 모른다 //
하지만, (당신이) 일단 [그것들이 제공하는] 혜택에 익숙해지고 나면, // 당신은 느낀다 /
그것들이 일상생활에 거의 없어서는 안 된다고.

QUESTION you

- 분사구문 앞에 접속사 once(~하자마자; 일단 ~하면)를 두어 의미를 명확히 했다.
- = ~; once you are accustomed to the advantages they provide, however, you feel ~.

166 Distance learning can be particularly helpful // if you are trying to pursue a degree / *while* continuing to work full-time.

원격 학습은 특별히 도움이 될 수 있다 // 만약 당신이 학위를 취득하고자 한다면 /
(당신이) 계속해서 전 시간 근무를 하면서.

QUESTION continuing
해설 | 앞 절의 주어와 같아 생략된 분사구문의 의미상 주어 you가 '(근무를) 계속하는'이라는 능동의 의미이므로 현재분사 continuing이
적절하다.

✔ = ~ while you continue to work full-time.

---

167 A great questioner, / *Socrates* was a natural philosopher, // and many consider him the first moralist / in that he urged people / to question their own values and the very purpose of living / by raising the concept of morality and a code of ethics.

(소크라테스는) 위대한 질문자였으면서, / 소크라테스는 타고난 철학자였다. // 그리고 많은 이들이 그를
최초의 윤리학자로 여긴다 / 그가 사람들에게 요구했다는 점에서 / 그들 자신의 가치와 바로 삶의 목적에 의문을 제기하라고
/ 도덕 개념과 윤리 규범을 세움으로써.

✔ A great questioner 앞에 Being이 생략되었다.
✔ = As Socrates was a great questioner, he was a natural philosopher ~.
✔ in that: ~라는 점에서, ~이므로

---

168 Curious about the world around them, / *children* will often <u>find</u> <u>their parents</u>
                                                             V   O

<u>a leading model in their lives for answers.</u>
                            C

(아이들은) 그들 주위의 세상에 호기심이 많기에, / 아이들은 종종 부모를
그들의 삶에서 답을 찾기 위한 가장 중요한 모델로 여길 것이다.

✔ Curious 앞에 Being이 생략되었다.
✔ = As[Since, Because] children are curious about ~, they will ~.

---

169 <u>Organizing your life by balancing your responsibilities / to the best of your ability</u> / <u>is</u>
                                  S   V

an ongoing project, / *every step* [*that is achieved*] increasing your confidence
                                                    의미상 주어

and determination (to keep going).

맡은 책임의 균형을 맞추어 삶을 계획하는 것은 / 할 수 있는 한 /
계속 진행 중인 프로젝트이다. / (이를 통해) [달성되는] 모든 단계는
(계속하겠다는) 당신의 자신감과 의지를 높인다.
↳ 삶과 맡은 일의 균형을 맞추면 계속하려는 자신감과 의지력을 높인다.

SUMMARY build | 일의 균형을 맞추는 것은 인내하는데 필요한 추진력을 <u>만들</u> 것이다.

UNIT
17 생략 · 공통구문

---

170 *Opinion is* not *fact*, // although if ✔ said often enough and loud enough, / some people seem to believe it is ✔.

의견은 사실이 아니다, // 그렇지만 충분히 자주 그리고 충분히 크게 말해지면, /
어떤 사람들은 그것을 (사실이라고) 믿는 것 같다.

QUESTION ✔ 표시는 위의 구문 해설 참고. 첫 번째 ✔: it(= opinion) is, 두 번째 ✔: fact

해설 | 부사절과 주절의 주어가 같을 경우, 부사절의 〈주어+be동사〉는 종종 생략된다. 따라서, if 뒤에는 it(= opinion) is가 생략되었다. 또한, seem to believe it is 뒤에는 fact가 반복되어 생략되었다.

---

171 From birth, you absorb |and| are shaped by / **the language, values, and patterns of**
　　　　　　　　　　　V₁　　　　　　　　V₂　　　　　　　　　　　　　　　　　　O
behavior [that characterize your own small immediate group].

태어날 때부터, 당신은 (~을) 받아들이고 (~에 의해) 형성된다 / 언어, 가치관, 그리고 행동 양식
[당신 자신의 작은 가까운 집단을 특징짓는].

QUESTION absorb, are shaped by

✔ 공통구문에서 공통어구는 앞이나 뒤에 나올 수 있는데, 이 문장에서는 뒤에 나왔다. 즉, the language ~ group이 absorb와 are shaped by의 공통 목적어이다.

---

172 The most terrible acts (committed by humans) have often been *the ones* (|not| of criminals or madmen / |but| ✔ of ordinary, loyal citizens (acting in the presumed interests of their group / against another group)).

(인간에 의해서 저질러지는) 가장 끔찍한 행위는 주로 행위였다
(범죄자 또는 미치광이의 (행위)가 아니라 / 평범하고, 충실한 시민의 (행위)
(자기 집단의 이익으로 여겨지는 것을 위해 행동하는 / 다른 집단과 대립하여)).

✔ ✔ 자리에 공통어구인 the ones(= acts)가 생략되었다.

---

173 Considering that language is often used simply to describe concrete events in literature, // there is no essential difference between literature and film / as literature *uses* words *for description* and film, ✔ pictures ✔.

문학에서 언어가 단순히 구체적인 사건을 묘사하기 위해 종종 사용된다는 점에서 보면,
// 문학과 영화 사이에는 본질적인 차이가 없다 / 문학은
묘사를 위해 단어를 사용하고 영화는 (묘사를 위해) 영상을 (사용하기) 때문에.

✔ considering: ~을 고려하면, ~이라는 점에서 보면 (≪ Unit 14)
✔ film 뒤에 uses가 생략되어 콤마(,)가 그 자리를 대신하며, pictures 뒤에는 for description이 생략되었다.

174 While testing seems *the most straightforward evidence about the effectiveness of teaching* in schools, // it is not necessarily thought to be ✔ by the majority of students.

학교에서는 시험이 교육의 효과에 대한 가장 직접적인 증거인 것처럼 보이지만,
// 시험은 대다수의 학생들에게는 반드시 (교육의 효과에 대한 가장 직접적인 증거)로 여겨지는 것은 아니다.

🍃 not necessarily: 반드시 ~은 아니다 ((부분부정))
🍃 ✔ 자리에는 반복되는 어구인 the most straightforward evidence about the effectiveness of teaching이 생략되었다.

---

175 For immigrants, / contacts with the country of origin are now more frequent, / and result in more immigrant families being influenced / *to* maintain cultural patterns from the homeland, and ✔ attempt to influence their children to keep them. – 모의응용

이민자들에게. / 출신 국가와의 접촉은 이제 더 빈번하며, /
더 많은 이민자 가족들이 영향받는 결과를 초래한다 / 고국으로부터의 문화 양식을 유지하고,
자녀들도 그것을 유지하도록 영향을 주려고 시도하도록.

🍃 result in의 목적어는 수동형의 동명사구인 being influenced ~이며, 앞에 의미상 주어인 more immigrant families가 위치한다.
　 SVOC 문형인 〈influence+O+to-v (O가 v하도록 영향을 주다)〉가 수동태로 바뀐 형태이다.
🍃 to부정사구 to maintain ~ homeland와 (to) attempt ~ them이 and로 병렬 연결된 구조이다. ✔ 자리에는 반복되는 to가 생략되었다.

---

176 *Highly social animals*, (such as certain types of parrot), seem to be adversely affected // when ✔ kept alone. Some parrots will engage in bizarre behaviors / and can severely harm themselves. – 모의

매우 사회적인 동물들은 (특정 종류의 앵무새와 같은) 부정적으로 영향받는 것처럼 보인다 //
혼자 두어질 때. 일부 앵무새들은 이상한 행동을 할 것이고 /
심하게 자신에게 상처를 입힐 수 있다.

QUESTION ▶ adversely
해설ㅣ이어지는 내용이 부정적인 영향에 대한 것이므로 '부정적으로 (영향받다)'의 의미를 나타내는 adversely (affected)가 적절하다. verbally는 '말로, 구두로'의 의미이다.

🍃 부사절과 주절의 주어가 같을 경우, 부사절의 〈주어+be동사〉는 종종 생략된다. 따라서, when 뒤에는 they(= highly social animals) are가 생략되었다.

---

177 Failure can be an opportunity // if you are willing to change. If ✔ not ✔, // be prepared to fail again and again / as the world attempts to teach you its lessons.

실패는 기회가 될 수 있다 // 만약 당신이 기꺼이 변하고자 한다면. 만약 아니라면, //
몇 번이고 실패할 각오를 해라 / 세상이 당신에게 교훈을 가르치려고 할 때.

🍃 여기서 if not은 if you are not willing to change의 의미이다. 이처럼 if not은 '만약 '(~이) 아니라면'의 의미로 관용적으로 많이 쓰인다.
🍃 여기서 as는 '~할 때, ~한 순간에'의 의미로 쓰였다.

178 The first and best way (for a baby to learn // that exercise is a lifetime routine) / is by imitating his or her parents, // so you should be your child's role model, / incorporating physical activity into your daily routine / and involving your child in your workout routine / **whenever ✔ possible.** – 모의응용

첫 번째이자 최고의 방법은 (아기가 배우는 // 운동이 평생 지속하는 일과라는 것을) /
자신의 부모를 모방하는 것에 의해서이다. // 따라서 당신은 아이의 역할 모델이 되어야 한다. /
당신의 매일의 일과 속에 신체 활동을 포함해야 하고 / 당신의 운동 일과에 아이를 참여시켜야 한다
/ 가능할 때마다.

SUMMARY the initiative for | 아이들이 운동 습관을 형성하도록 부모들은 솔선해서 해야 한다.

✔ incorporating 이하는 분사구문으로, and you should incorporate ~ daily routine and (should) involve ~ possible의 의미이다.
✔ whenever possible: 가능할 때마다 (= whenever it is possible)

179 What ✔ if your value and the essence of being loved aren't based / on how you look or how well you do something? Actually, this concept is not in question, // as it is a statement of fact and is entirely true.

당신의 가치와 사랑받는 것의 본질이 기초하지 않는다면 어떨까 / 당신이 어떻게 보이는지나
당신이 어떤 일을 얼마나 잘하는지에? 사실, 이 개념은 논란의 문제가 되지 않는다. // 그것이
사실의 진술이며 전적으로 사실이기 때문에.

✔ ✔ 자리에는 would happen이 생략되었다고 볼 수 있다. (What would happen if ~)
cf. what if ~?의 두 가지 의미
• what will happen if ~? / What shall I do if ~?: ~라면 어떨까[어떻게 해야 할까]?
• what does it matter if ~?: ~하더라도 무슨 상관인가? (~해도 상관없다)
✔ or로 병렬 연결된 how you look과 how well you do something은 전치사 on의 목적어 역할을 하는 간접의문문 형태의 명사절이다.

180 *Hamlet* became and has remained **famous**, // not only because it is an exceptionally rich and fascinating text, / but also because it has been and still is being **played, adapted, assessed and quoted**.

〈햄릿〉은 유명해졌고 유명세를 유지해왔다. // 그것이 특별히
뛰어나고 매혹적인 글이기 때문일 뿐만 아니라, / 또한 예전부터 지금까지 여전히 상연되고,
각색되고, 평가되고, 인용되고 있기 때문이다.

✔ famous는 became과 has remained의 공통된 보어이며, played, adapted, assessed, quoted는 has been과 is being에 공통으로
연결되어 수동형을 이루는 과거분사이다.
✔ 〈not only A but also B (A뿐만 아니라 B도)〉 구문의 A, B에 because가 이끄는 절이 병렬 연결되었다.

UNIT
1 8 생략구문

181 A horse *is useless* / if no one can ride it, // a sword ✔ / if no one can strike with it, // and meat ✔ / if no one can eat it; // thus every material utility depends on a related human ability.

말은 쓸모가 없다 / 아무도 탈 수 없다면. // 칼은 (쓸모가 없다) / 아무도 공격할 수 없다면. //
그리고 고기는 (쓸모가 없다) / 아무도 먹을 수 없다면 // 따라서 모든 물질적 유용성은 그것과 관련된(그것을 사용하는)
인간의 능력에 달려 있다.

QUESTION ✔ 표시는 위의 구문 해설 참고. ✔ 자리에 반복되어 생략된 어구는 모두 is useless이다.

182 Students *criticized the textbooks* for not having interesting activities, // and teachers ✔ for not taking into account the student's knowledge levels. That's why they did not enjoy using the textbooks.

> 학생들은 재미있는 활동을 담고 있지 않다고 교과서를 비판했다. // 그리고 교사들은
> 학생들의 지식 수준을 고려하지 않는다고 (교과서를 비판했다). 그것이 그들이
> 교과서를 사용하는 것을 좋아하지 않았던 이유이다.

QUESTION ✔ 표시는 위의 구문 해설 참고. 생략된 어구는 criticized the textbooks이다.

- 이유를 나타내는 전치사 for의 목적어로 동명사구 not having interesting activities, not taking ~ levels가 쓰였다. 동명사의 부정은 동명사 앞에 not을 둔다.
- 〈take A into account (A를 고려하다)〉의 목적어인 the student's knowledge levels가 A 자리 대신 account 뒤에 위치했다.
- why 이하는 이유를 나타내는 관계부사절로 문장의 보어 역할을 하며, 앞에 선행사 the reason은 생략되었다.

---

183 Age *appears to be best* in four things: // old wood ✔ best to burn, // old wine ✔ to drink, // old friends ✔ to trust, // and old authors ✔ to read. —Francis Bacon ((英 철학자))

> 오래된 것은 네 가지 것에서 가장 좋아 보인다 // 오래된 나무는 태우기에 가장 좋아 (보이고), // 오래된 와인은
> 마시기에 (가장 좋아 보이고), // 오래된 친구는 믿기에 (가장 좋아 보이고), // 오래된 작가는 (그의 작품을) 읽기에 (가장 좋아 보인다).

- old wood 뒤 ✔ 자리에 appears to be가 생략되었고, old wine, old friends, old authors 뒤 ✔ 자리에 각각 appears to be best가 생략되었다.
- 동사 appears 뒤에 to-v인 to be가 주어 Age의 상태를 보충 설명하는 보어로 쓰였다(appear[seem] to-v). to burn은 앞의 best를, to drink, to trust, to read는 각각 앞의 생략된 best를 수식하는 부사적 용법으로 쓰였다.

---

184 Like many other alternative therapies, / the popularity of hypnotherapy continues to grow, // but there is still *debate* on the scientific basis of hypnosis, / and there is much more ✔ on the validity of hypnotherapy.

> 다른 많은 대체 요법과 마찬가지로, / 최면 요법의 인기는 계속 증가하고 있다.
> // 하지만 최면의 과학적 근거에 대한 논쟁이 여전히 있다. /
> 그리고 최면 요법의 효력에 대해서는 훨씬 더 많은 (논쟁이 있다).

- ✔ 자리에 공통되는 어구인 debate가 생략되었다.

  F·Y·I 대체 의학(alternative medicine) 또는 대체 요법(alternative therapy)은 기존의 의학적 치료 방법에 속하지 않는 치료법을 가리킨다. 현대 의학을 대체할 치료 효과를 주장하지만 과학적 방법론을 통한 근거가 없어 권장되지 않는다. 의과 대학에서 정식으로 배운 지식이 아닌 여러 행위, 제품 등을 통한 민간요법, 자연 요법, 침술, 지압 요법 등이 이에 속한다.

---

185 In a research team, / one member *might be particularly good* at experimental design, // another ✔ at data analysis, // and a third ✔ at writing reports; // by learning who is good at what, / the group facilitates collaboration.

> 연구팀에서, / 한 팀원은 실험 설계에 특히 뛰어날지도 모른다. //
> 또 다른 팀원은 자료 분석에 (특히 뛰어날지도 모른다). // 그리고 세 번째 팀원은 보고서 작성에 (특히 뛰어날지도 모른다) //
> 누가 무엇에 뛰어난지 앎으로써, / 그 집단은 공동 작업을 용이하게 한다.

FILL-IN ②
해설 | 팀원들이 가진 각기 다른 뛰어난 능력들을 파악함으로써 용이하게 하는 것으로 적절한 것은 collaboration(공동 작업)이다.

- ✔ 자리에 공통되는 might be particularly good이 생략되었다.

186 Most data about social problems can't solve the problems // because *the data is* mostly about how *the problem is happening* / but ✔ not about why ✔; // to define "why ✔" from the data / is the job [researchers and policy makers need to focus on].

사회 문제에 관한 대부분의 자료는 그 문제를 해결할 수 없는데 // 왜냐하면 그 자료는 대개
어떻게 그 문제가 일어나고 있는지에 관한 것이기 때문이다 / (그 자료가) 왜 (그 문제가 일어나고 있는지)에 관한 것이 아니라 //
자료에서 '왜 (그 문제가 일어나고 있는지)'를 밝히는 것은 / 과제다 [연구원들과 정책 입안자들이 초점을 맞추어야 할].

✔ 첫 번째 ✔ 자리에는 the data is가, 두 번째와 세 번째 ✔ 자리에는 the problem is happening이 생략되었다.
✔ need가 만드는 빈출 문형

SVO	need to-v (v할 필요가 있다)	You **need to buy** some bread to make a sandwich. (너는 샌드위치를 만들기 위해 빵을 좀 **살 필요가 있다**.)
SVOC	need A to-v (A가 v하는 것을 필요로 하다)	My friend **needed** me **to assist** her. (내 친구는 내가 그녀를 **도와줄 것을 필요로 했다**.)
SVOC	need A p.p. (A가 v될 필요가 있다)	You **need** your body **examined** regularly. (너는 네 몸이 정기적으로 **검진을 받게 할 필요가 있다**.)

187 The finding [that *the intensity of a taste is decreased* after trying the same taste, / but ✔ not ✔ after trying a different taste], / serves as evidence (for the existence of distinct receptors for different tastes). – 모의응용

연구 결과는 [같은 맛을 맛본 후에는 맛의 강도가 감소한다는 /
그러나 다른 맛을 맛본 후에는 (맛의 강도가 감소하지) 않는다는], / 증거가 된다
(각기 다른 맛에 대한 별개 감각 기관의 존재의).

✔ but not = but (the intensity of a taste is) not (decreased)

188 My political ideal is democracy. Everyone *should be* respected as an individual, // but no one ✔ idolized. –Albert Einstein

나의 정치적 이상은 민주주의이다. 모든 사람은 개인으로서 존중되어야 한다, //
그러나 누구도 우상화되어서는 안 된다.

✔ ✔ 자리에 should be가 생략되었다.

189 When a person obeys another person / merely because the mightier of the two has power and threatens violence, // the one (giving the orders) *is* a tyrant, / and the one (obeying them) ✔ his slave.
= the orders

어떤 사람이 다른 사람에게 복종한다면 / 단지 둘 중 더 힘센 사람이
권력을 가지고 폭력을 가하겠다고 협박한다고 해서, // (명령을 내리는) 사람은 폭군이고, /
(그 명령을 따르는) 사람은 그의 노예이다.

✔ ✔ 자리에 is가 생략되었다.
✔ 현재분사구 giving the orders와 obeying them은 각각 앞의 the one을 수식하고 있다.

190 Painting *is sometimes thought to be a* higher *form of art* than cartooning, // theater ✔ higher ✔ than movies, // and classic novels ✔ higher ✔ than "blockbuster" novels.

회화를 그리는 것은 만화를 그리는 것보다 더 고상한 형태의 예술이라고 때때로 생각되고, // 연극은
영화보다 더 고상한 (형태의 예술이라고 때때로 생각된다), // 그리고 고전 소설은 '블록버스터' 소설보다 더 고상한 (형태의 예술이라고 때때로
생각된다).

✔ = ~, theater (is sometimes thought to be a) higher (form of art) than movies, classic novels (are sometimes thought to be) higher (form of art) than "blockbuster" novels.

191 An electric car [that (its proponents hope) will replace horse-drawn carriages at tourist attractions] / was proposed by those [who say // ✔ it's inhumane to have animals toiling].

전기 자동차는 [(그것의 지지자들이 바라기에) 관광 명소에서 마차를 대신할]
/ (~한) 사람들에 의해 제안되었다 [말하는 // 동물들을 힘들게 일하게 하는 것이 비인간적이라고].

QUESTION ✔ 표시는 위의 구문 해설 참고. 생략된 것은 **that(접속사)**이다.

🌱 its proponents에서 its는 An electric car를 가리킨다.
🌱 ✔ 자리에 생략된 접속사 that이 이끄는 명사절은 동사 say의 목적어 역할을 한다. 명사절의 it's inhumane to ~에서 it은 가주어, to 이하가 진주어이다.

192 Champions aren't made in gyms. Champions are made from something [✔ they have ● deep inside them] / — a desire, a dream, a vision. –Muhammad Ali ((美 복싱 선수))

챔피언은 체육관에서 만들어지지 않는다. 챔피언은 어떤 것으로부터 만들어진다 [그들이
자신들의 내면 깊숙이 가지고 있는] / 즉 소망, 꿈, 이상으로부터.

QUESTION ✔ 표시는 위의 구문 해설 참고. 생략된 것은 **that(관계사)**이다.

🌱 ●는 목적격 관계사절의 선행사 something이 원래 위치했던 자리이다.

193 It may not be valid to assume / ✔ the media make our time distinct from the past, // because we know relatively little / about how information was shared in the past. –수능

가정하는 것은 타당하지 않을지도 모른다 / 미디어가 우리 시대를 과거로부터 구별되게 한다고, //
왜냐하면 우리가 상대적으로 거의 모르기 때문이다 / 정보가 과거에 어떻게 공유되었는지에 대해.

TOPIC doubt | 오늘날 미디어가 현재를 과거와 구분하는가에 대한 불확실함

🌱 ✔ 자리에 동사 assume의 목적어 역할을 하는 명사절을 이끄는 접속사 that이 생략되었다.
🌱 how ~ past는 전치사 about의 목적어 역할을 하는 간접의문문 형태의 명사절이다.

194 The most important single responsibility of the leader / is to ensure harmony and happiness among the people [✔ he or she is responsible for].

지도자에게 있어 가장 중요한 단 한 가지 책임은 / 사람들 사이의 조화와
행복을 보장하는 것이다 [자신이 책임을 지고 있는].

🌱 ✔ 자리에 the people을 선행사로 하는 관계대명사 who(m) 혹은 that이 생략되었다.

195 An English engineer and canal builder, William Smith, discovered // that each rock formation in the canals [✔ he worked on] / contained fossils (unlike those in the beds either above or below). It helped make evident the significance of fossils as geologic tools.

(= the fossils)

V′ C′ O′

영국의 기술자이자 운하 건설자인 윌리엄 스미스는 발견했다 //
운하에 있는 각각의 암석층이 [자신이 작업해 온] / 화석을 포함하고 있음을
(그 위나 아래쪽의 지층에 있는 것과는 다른). 이는 지질학적 도구로서의 화석의 중요성을 분명하게 하는 것을 도왔다.

- ✔ 자리에 the canals를 선행사로 하는 관계대명사 which[that]가 생략되었다.
- 두 번째 문장은 동사 helped의 목적어로 make ~ tools가 왔고, 이 원형부정사구는 〈make+O+C〉 구문인데, 긴 목적어와 짧은 목적격 보어가 도치되었다. (◀◀ Unit 23 문장 뒤로 이동)

196 When you want to quit / while your destination is just around the corner, // it is the time [✔ you need to remind yourself // that you are just some steps away to your goal / and ✔ quitting is not an option].

그만두고 싶을 때는 / 목적지가 바로 코앞에 있는 상태에서, // (~할) 때이다
[스스로에게 상기시켜야 할 // 당신이 목표까지 겨우 몇 걸음 떨어진 곳에 있고 /
그만두는 것은 선택 사항이 아니라는 것을].

- 첫 번째 ✔ 자리에 the time을 선행사로 하는 관계부사 when[that]이 생략되었다.
- remind yourself의 직접목적어 역할을 하는 두 개의 명사절 that you ~ goal과 (that) quitting ~ option이 and로 병렬 연결된 구조이다. 두 번째 ✔ 자리에는 병렬로 연결된 명사절의 접속사 that이 생략되었다.

197 High school should be the place [✔ young minds begin to develop / their own way of looking at the world]. It should be a place [✔ friendships are made and identities are created].

고등학교는 (~하는) 곳이어야 한다 [젊은이들이 개발하기 시작하는 /
세상을 바라보는 자신만의 방식을]. 그것은 (~하는) 곳이어야 한다 [우정이 형성되고 정체성이 만들어지는].

- ✔ 자리에는 the place, a place를 각각 선행사로 하는 관계부사 where 또는 that이 생략되었다.

198 One prime reason [✔ international tourism in Europe has developed so strongly since 1945] / has been the almost total absence (of major political and military conflict) / in the region since the end of the Second World War.

한 가지 주요한 이유는 [유럽의 국제 관광업이 1945년 이래로 그토록 크게 발전해온]
/ 거의 완전한 부재였다 (중대한 정치적 그리고 군사적 갈등의)
/ 그 지역에 제2차 세계 대전의 종결 이후로.

- ✔ 자리에 관계부사 why 또는 that이 생략되었다.

199 If you saw the way [✔ some people treat the world], // you would think / ✔ there is somewhere else to go / once the earth's resources have been exhausted. −모의

만약 당신이 방식을 본다면 [몇몇 사람들이 지구를 대하는], // 당신은 생각할 것이다 /
어딘가 다른 갈 곳이 있다고 / 지구의 자원이 고갈되었을 때.
↳ 지구의 자원을 낭비하는 일부 사람들을 보고 당신은 지구의 자원이 고갈되었을 때 지구가 아닌 다른 갈 곳이 있다고 생각할 것이다.

QUESTION ②

해설 | 지구의 자원이 고갈되었을 때 지구가 아닌 다른 갈 곳이 있다고 생각할 것이라는 말은, 결국 다른 갈 곳이 있을 가능성이 거의 없다는 말이므로 지구 자원을 낭비하지 말아야 한다는 뜻이 된다.

- 첫 번째 ✔ 자리에는 선행사 the way와 함께 쓰일 수 없는 관계부사 how가 생략되었다. (= If you saw *how* some people ~.)
- 두 번째 ✔ 자리에는 동사 think의 목적어 역할을 하는 명사절을 이끄는 접속사 that이 생략되었다.
- 〈If+S´+동사의 과거형(saw), S+조동사 과거형+동사원형(would think)〉 형태의 가정법 과거 문장으로 현재나 미래에 일어날 가능성이 매우 희박한 일에 대한 가정·상상을 나타낸다.

---

200 Individualized achievable challenge connects students to knowledge / by communicating high expectations, / confirming that they have the capacity (to reach these goals), / and showing them how to access the tools and support [✔ they need ● to reach goals [✔ they consider ● desirable]]. – 모의

개별화된 성취 가능한 도전 과제는 학생들을 지식과 이어준다 /
높은 기대감을 전함으로써, / 학생들이 (이러한 목표에 도달할) 능력을 가지고 있음을 확인해 줌으로써 /
그리고 그들에게 도구와 지원을 이용하는 방법을 보여줌으로써 [그들이 목표에 도달하기 위해 필요한
[그들이 바람직하다고 여기는]].

- 첫 번째 ✔ 자리에는 the tools and support를 선행사로 하는 목적격 관계대명사 which[that]가, 두 번째 ✔ 자리에는 goals를 선행사로 하는 목적격 관계대명사 which[that]가 생략되었다. ●는 각각의 목적격 관계사절의 선행사가 원래 위치했던 자리이다.
- by의 목적어로 세 개의 동명사구가 and로 병렬 연결된 구조이다.

UNIT 20

if 또는 if절이 생략된 가정법

201 **Were** it not for the special defenses [they have against their enemies], //
many animals **could** not **survive**.

만약 특별한 방어 수단이 없다면 [그것들이 적에 맞서 가지고 있는], //
많은 동물들은 생존할 수 없을 텐데.

QUESTION Were it not for ~ enemies → If it were not for the special defenses they have against their enemies

- If 가정법 문장에서 if가 생략되면 주어와 (조)동사가 도치된다.

202 Some experts say // that **were** Charles Darwin alive today, / he **would be delighted** with the scientific validation (of his theory of evolution).

몇몇 전문가들은 말한다 // 만약 찰스 다윈이 오늘날 살아있다면, / 그는 과학적 입증에 아주 기뻐할 것이라고
(자신의 진화론에 관한).

QUESTION were Charles Darwin alive today → if Charles Darwin were alive today

203 When we pack, // we are sometimes amazed to find / that we don't need very many things to live. We **wouldn't** normally **believe** // ∨ we could get by with such a tiny amount of stuff.

짐을 쌀 때, // 우리는 가끔 알게 되어 놀란다 / 우리가 살아가는 데 아주 많은 것을 필요로 하지 않음을.
우리는 보통 믿지 않을 것이다 // 우리가 그렇게 적은 양의 물건들로 그럭저럭 살아갈 수 있다는 것을.

QUESTION ①

해설 | 두 번째 문장은 '(짐을 싸지 않는다면) 적은 양의 물건으로 살아갈 수 있다는 것을 믿지 않을 것'이라는 의미로, if절 if we never packed가 생략된 것으로 볼 수 있다.

✔ 감정 표현 be amazed(놀라다) 이후에 사용된 to-v(to find)는 감정의 원인(v해서 …하다)을 나타낸다.
✔ ∨ 자리에는 동사 believe의 목적어 역할을 하는 명사절을 이끄는 접속사 that이 생략되었다.

204 **Should** you **find** yourself in a chronically leaking boat, // energy (devoted to changing vessels) is likely to be more productive / than energy (devoted to patching leaks).

　　　　　　　　　　　　　　　　　　　　　　　　　　　　　　　　　　　－Warren Buffett ((美 투자가))

혹시라도 당신이 고질적으로 물이 새는 보트 안에 있다는 것을 알게 된다면, // (배를 바꾸는 데 쏟는) 에너지가
더 생산적일 것이다 / (구멍을 때우는 데 쏟는) 에너지보다.

✔ = **If** you **should find** yourself ~.
✔ devoted 다음의 to는 전치사이므로 뒤에 목적어로 동명사인 changing과 patching이 쓰였다. (devote A to B: A(노력, 시간 등)를 B에 쏟다, 기울이다)

205 The piano **could** hardly **have become** so popular, // **had** the music (written for it) **not occupied** a position / at the top of European culture.

피아노는 그렇게 대중화되지 못했을 텐데, // 만약 (그것을 위해 쓰인) 음악이
자리를 차지하지 않았다면 / 유럽 문화의 정상에서.

QUESTION ①

✔ = ~ so popular, **if** the music written for it **had not occupied** a position ~.
✔ 여기서 it은 The piano를 가리킨다.

206 People [who lack the inner skill of confidence] don't try to accomplish // what they **might have** the ability to accomplish / **were** they confident and **did** try.

[내면의 기량인 자신감이 부족한] 사람들은 성취하려고 노력하지 않는다 //
그들이 성취할 능력을 가지고 있을지도 모르는 것을 / 그들이 자신감이 있고 정말 노력한다면.

✔ = ~ accomplish **if** they **were** confident and **did** try.
✔ what ~ did try는 to accomplish의 목적어 역할을 하는 관계대명사절이다.

207 Rules and incentives are an inevitable and necessary part (of our social and political life) // — the banking crisis **would have been** far less serious // **had** Depression era regulations **not been removed** / and **had** existing regulations **been enforced**. －사관학교

규칙과 장려책은 불가피하고 필수적인 부분이다 (우리의 사회와 정치 생활의)
// (예를 들어) 금융 위기는 훨씬 덜 심각했을 것이다 // 대공황 시대의
규제가 없어지지 않고 / 현행 규제가 시행되었더라면.

✔ 가정법 과거완료 구문에서 if가 생략되면서 주어와 조동사 had가 도치된 if절 두 개가 and로 병렬 연결되었다.
　= ~ less serious **if** Depression era regulations **had not been removed** and **if** existing regulations **had been enforced**.

208 Indeed, / abstracting is difficult for people in every discipline. Many famous novelists have written to their editors // that they regretted the extreme length of their manuscripts; // **had** they **had** more time, // the work **would have been** half as long.

사실, / 요약하기는 모든 분야의 사람들에게 어렵다. 많은 유명한 소설가들이
편집자들에게 서신을 보냈다 // 자신들 원고의 막대한 길이를 후회한다고
// 만약 그들에게 시간이 더 있었다면, // 그 작품은 절반의 길이가 되었을 것이라고.

QUESTION half

해설 | 많은 소설가들이 자신들 원고의 긴 길이를 후회한다는 앞 내용으로 보아, 그들에게 시간이 더 있었다면 그들은 더 짧게 요약했을 것임을 유추할 수 있다.

☑ = ~ **if** they **had had** more time, the work ~.

209 Judgments about flavor are often influenced by predictions (based on the appearance of the food). For example, / red foods **would be expected** to be strawberry-flavored.

— 모의응용

맛에 대한 판단은 예측에 의해 흔히 영향받는다 (음식의 겉모습에 기초한).
예를 들어, / 빨간 음식들은 딸기 맛이 날 것으로 예측될 것이다.

☑ 과거형 조동사가 포함된 would be expected에는 가정하는 if절의 의미(if you saw red foods)가 함축되어 있다.

210 The most difficult fact in the world **could have been faced** / when it was simple, // and the biggest problem in the world **could have been solved** / when it was small. The simple fact [that someone finds^V no problem$^{O'}$ big$^{C'}$ from the beginning] / is that person's prime achievement.

세상에서 가장 어려운 사실은 직면될 수 있었을 것이다 / 그것이 간단했을 때, // 그리고
세상에서 가장 큰 문제는 해결될 수 있었을 것이다 / 그것이 작았을 때.
간단한 사실은 [누군가 어떤 문제도 크지 않음을 처음부터 알아내는] / 그 사람의 최고의 성취이다.

☑ 〈과거형 조동사+have p.p.〉 표현인 could have been faced, could have been solved에는 가정하는 if절의 의미가 함축되어 가정법 과거완료를 나타낸다. 문맥상 각각 if someone had tried to face it, if someone had tried to solve it이 생략되었다고 볼 수 있다.

UNIT
2 1 어순 변화

211 An error does not become truth / by reason of multiplied propagation, // **nor** does
_{조동사}

truth become error / because nobody sees it. —Mahatma Gandhi
S   V

오류가 진실이 되지는 않는다 / 크게 증가한 선전을 이유로, //
진실이 오류가 되지도 않는다 / 아무도 진실을 보지 않는다고 해서.

QUESTION truth
해설 | 〈nor[so, neither]+V[조동사]+S〉 표현이 쓰여 〈조동사(does)+주어(truth)+동사(become)〉 순으로 도치되었다.

✔ nor[neither]+V+S: S도 V하지 않다
✔ = ~, and *truth* **does not** *become* error ~.
✔ 앞의 nor가 because ~까지 부정하는 경우로, 이때의 because는 '~ 때문에'가 아니라 '~이라고 해서 (…는 아니다)'라고 해석한다.

212 After non-stop rehearsals and diligent planning, / when the campus-wide festival came
around, // enthusiasm was abundant and **so** was creativity.
V   S

끊임없는 리허설과 성실한 기획 끝에, / 캠퍼스 전역의 축제가 열리자,
// 열정이 넘쳤고 창의력도 그러했다.

✔ so+V+S: S도 V하다
✔ = ~ and *creativity was* abundant, too.

213 Food (eaten without desire) is difficult / for the body to absorb nutrients from, // and
so is study (done without interest) difficult / for the mind to process effectively.
V   S

(식욕 없이 섭취한) 음식은 어렵다 / 신체가 영양분을 흡수하기에, // 그리고
(흥미 없이 이루어진) 학습도 그러하다 / 정신이 효과적으로 처리하기에.
↳ 식욕 없이 섭취한 음식으로부터 신체가 영양분을 흡수하기 어려운 것처럼, 흥미 없이 이루어진 학습도 정신이 효과적으로 처리하기는 어렵다.

QUESTION is
해설 | 〈so+V[조동사]+S〉 표현이 쓰여 주어와 동사가 도치되었으므로, 뒤에 이어지는 주어 study에 수 일치해야 한다.

✔ so+V+S: S도 V하다
✔ ~, and *study done without interest is* difficult ~, too.
✔ 형용사 difficult를 수식하는 to부정사구(to absorb nutrients from, to process effectively)가 각각 for the body, for the mind를 의미상의 주어로 갖는다.

214 We had career lessons and were instructed on how to find the right career path, // but I
had no idea what I wanted to do with my life, // and **neither** did the majority of my
V   S

classmates.

우리는 진로 수업을 들었고 올바른 진로를 찾는 방법에 대한 교육을 받았다. // 그러나 나는
내가 내 인생에서 무엇을 하고 싶은지 몰랐다. // 그리고 대다수의 반 친구들도 마찬가지였다.

✔ neither+V+S: S도 V하지 않다
✔ = ~, and *the majority of my classmates* **didn't** *have* any idea what they wanted to do with their lives.

215 Understanding the cyclical nature of life will reassure you // that difficult times won't last forever, / and you will feel joy and happiness again. The rough times must be endured and taken / as they come, // but they are not constant, **nor** do they last forever.

조동사 S   V

－모의

삶의 순환의 본질을 이해하는 것은 여러분을 안심시킬 것이다 // 어려운 시기가
영원히 계속되지는 않을 것이라고, / 그리고 여러분은 다시 기쁨과 행복을 느낄 것이라고. 험난한 시간은
견디고 받아들여져야 한다 / 그것들이 왔을 때, // 그러나 그것들은 지속적이지 않으며, 영원히 계속되지도 않는다.

✔ nor+V+S: S도 V하지 않다
✔ = ~, and *they* **don't** *last* forever.

---

216 **There** exists a peculiar correlation / between what is in front of our eyes and what is in our heads: / large thoughts at times requiring large views, / new thoughts ∨ new places. －수능응용

  V   S

특이한 상관관계가 존재한다 / 우리 눈앞에 있는 것 그리고 우리의 머릿속에 있는 것들 사이에
/ 폭넓은 사고는 때때로 폭넓은 시야를 필요로 하고, / 새로운 사고는 새로운 장소를 (때때로 필요로 한다).

QUESTION at times requiring
해설 | ∨로 표시된 new thoughts와 new places 사이에 반복되는 어구 at times requiring이 생략되었다.

✔ exist, remain, come, happen, follow, lie 등이 〈There+V+S〉 구문의 동사로 자주 쓰인다.
✔ 〈There[Here]+V+S〉 구문의 경우도 S가 대명사인 경우는 도치가 일어나지 않는다.
  e.g. Here he comes. (○) Here comes he. (×)
✔ 콜론(:) 이하에는 앞 내용에 대한 예시가 분사구문(requiring)의 형태로 이어지고 있다.
  (← large thoughts at times require large views, and new thoughts (at times require) new places)
      S'₁   V'₁   O'₁   S'₂   V'₂   O'₂

---

217 **There** are websites (containing the answers to nearly any question [about which you might be curious]). Still, you must be careful / to check the reliability of your source.

  V   S

웹사이트들이 있다 ([여러분이 궁금해할지도 모르는] 거의 모든 질문에 대한 답을 갖고 있는).
그래도, 주의해야 한다 / 여러분이 찾은 출처의 신뢰성을 확인하도록.
↳ 웹사이트들은 여러분이 궁금해하는 거의 모든 질문에 대한 답을 갖고 있지만, 찾은 정보의 출처의 신뢰성을 확인하도록 신경 써야 한다.

✔ 현재분사구 containing ~ curious가 websites를 수식하고, 〈전치사+관계대명사〉절 about which ~ curious가 any question을 수식하는 구조이다.

---

218 Although **there** are international agreements (signed by some governments), // people are killing whales / without considering / what impact this will have in the future.

            V'   S'

= killing whales

－모의응용

비록 국제 협정이 있지만 (몇몇 정부들에 의해 체결된), // 사람들은
고래들을 죽이고 있다 / 고려하지 않고 / 이것이 미래에 어떤 영향을 가져올지를.

✔ 의문형용사 what은 뒤의 명사 impact를 수식하며, 이 의문사절이 considering의 목적어 역할을 하고 있다.

219 Interested **as** I am / in the physical universe, // it is in man, in his loves and hatreds,
C′　　S′ V′

his noble achievements and absurd failures, / that I am more interested. —Albert Einstein

비록 내가 관심이 있지만 / 물리적 세계에, // 바로 인간, 그의 사랑과 증오,
그의 고귀한 업적과 터무니없는 실수에, / 나는 더 관심이 있다.

QUESTION ② | ① 내가 물리적 세계에 관심이 있기 때문에 ② 비록 내가 물리적 세계에 관심이 있지만

해설 | 〈형용사(p.p.)+as+S′+V′〉 구문은 '양보(비록 S가 V하지만[하더라도])'의 의미를 갖는다. 주절에 필자가 더 관심이 있는 것들이 열거
되는 것으로 보아 '비록 관심이 있기는 하지만'이라는 양보의 의미가 적절하다.

✔ 접속사 as가 '양보(~이기는 하지만)'의 의미로 쓰일 때는 〈형용사[부사, 명사]+as+S′+V′〉 형태를 취할 수 있다. 문어체적인 표현이다.
(= **As[Though]** *I am interested* in the physical universe, ~.)

✔ 주절에는 〈it is ~ that ...〉 강조구문이 쓰여, 〈be interested in A〉 구문의 in A를 강조하고 있다.

220 Much **as** we resemble one another, / we are none of us exactly alike, // and I have seen
부사　 S′　 V′

no reason [why I should not, (so far as I could), choose my own course].

우리는 서로 많이 닮았지만, / 우리 그 누구도 완전히 똑같지는 않다, // 그래서 나는
어떤 이유도 발견하지 못했다 [(내가 할 수 있는 한) 내가 나 자신의 길을 선택하는 것을 하지 말아야 할].
↳ 그 누구도 완전히 똑같지는 않기 때문에, 가능한 한 나만의 길을 선택해야 한다.

✔ 〈부사+as+S′+V′〉의 양보 부사절이 쓰였다.
= **As[Though]** *we resemble* one another *much*, ~.

UNIT 22 문장 앞으로 이동

221 **Not until** a geologist closely examines the fossils in the layers / for the presence or
부정어

absence of certain organisms // can he or she recognize the gap in time.
　　　　　　　　　　　　　　　조동사　 S　　 V

지질학자는 지층의 화석을 면밀히 조사해야만 /
특정 생물의 존재 여부를 (확인하기) 위해 // 비로소 (지질) 연대의 차이를 인식할 수 있다.

QUESTION he or she

해설 | 부정어 포함 어구 Not until을 강조하기 위해 문장 맨 앞에 놓아, 주절에서 〈조동사(can)+주어(he or she)+동사(recognize)〉 어순
으로 도치되었다.

✔ not until B A = not A until B: B하기까지 A하지 않은, B해서야 비로소 A하는
= A geologist **cannot** *recognize* the gap in time **until** *he or she* closely examines the fossils ~.

222 Being a human, / **not** always have I done the right thing, / nor am I completely proud of
　　　　　　　 부정어　　　 조동사 S₁ V₁　　　　　 V₂ S₂

every decision [I have made], // but I've learned from my mistakes and endeavor to

improve.

사람이기 때문에, / 나는 항상 옳은 일을 해 온 것은 아니고, / [내가 내려 온] 모든 결정을 전적으로 자랑스럽게 생각하지도 않는다
// 하지만 나는 실수로부터 배워왔고 나아지려고 노력한다.

✔ Being a human은 분사구문으로 Because I am a human을 의미한다.
✔ 부정어 not이 문장 맨 앞에 와서 주어와 (조)동사의 도치가 일어났고, 뒤에는 〈nor+V+S〉 표현이 쓰였다.
✔ = ~, I **haven't** always *done* the right thing, ~.

223 Some people say / the best way (to be happy in life) is to have a lot of money, // but
S₁   V₁

rarely does money appear to open the way (for a more meaningful, exciting existence).
준부정어   조동사   S₂   V₂

어떤 사람들은 말한다 / (인생에서 행복해지는) 가장 좋은 방법은 많은 돈을 갖는 것이라고, // 그러나
돈이 좀처럼 길을 여는 것 같지 않다 (더욱 의미 있고, 신나는 생활을 위한 (길)).
↳ 돈이 더욱 의미 있고, 신나는 생활을 위한 길을 여는 경우는 거의 없다.

✔ but이 이끄는 절에서 준부정어 rarely가 절 앞에 와서 〈조동사(does)+주어(money)+동사(appear)〉 어순으로 도치되었다.
(= ~ but *money* **rarely** *appears* to open the way ~.)

---

224 **Only** when confronted with solid experimental evidence │or│ conceptually simpler
준부정어

hypotheses (forcing them to new perspectives) // do scientists change their scientific
조동사   S   V

theories. – 모의응용

명확한 실험적 증거 혹은 개념적으로 더 간단한
가설에 (그들을 새로운 관점으로 밀어붙이는) 직면할 때만 // 과학자들은 자신들의 과학 이론을 바꾼다.

QUESTION ▶ scientists
해설 | 준부정어 Only가 문장 맨 앞에 와서 〈조동사(do)+주어(scientists)+동사(change)〉 어순으로 도치되었다.

✔ = ~ *scientists change* their scientific theories **only** when ~.
✔ 대명사 them은 뒤에 나오는 scientists를 가리킨다.

---

225 │Not only│ are humans unique in the sense [that they began to use an ever-widening
부정어 포함 어구   V₁   S₁

tool set], // │but│ we are │also│ the only species on this planet [that has constructed forms
S₂   V₂

of complexity [that use external energy sources]]. – 모의

인간은 [점점 확장되는 도구들의 모음을 이용하기 시작했다는] 점에서 유일무이할 뿐만 아니라 //
우리는 또한 지구상의 유일한 종이다 [복잡한 형태를 만들어 낸
[외부 에너지원을 이용하는]].

✔ not only A but also B: A뿐만 아니라 B도
✔ 부정어 포함 어구가 문장 맨 앞에 와서 주어와 동사의 도치가 일어났다. (=*Humans are* **not only** unique ~.)
✔ 〈in the sense that ~ (~라는 점에서, ~라는 의미에서)〉에서 that절 이하(that ~ tool set)는 the sense를 보충 설명하는 동격절이다.

---

226 **Behind a seemingly effortless performance of professional music and theater** /
장소의 부사구

are years of hard work and training.
V   S

겉보기에는 쉬운 전문적인 음악과 연극 공연의 이면에는 /
수년간의 노고와 훈련이 있다.

QUESTION ▶ years of hard work and training

✔ 장소나 방향을 나타내는 부사(구)가 문장 맨 앞에 오면 주어와 동사의 도치가 일어난다. 단, 주어가 대명사인 경우는 도치가 일어나지 않는다.
e.g. In my class **they were**. (○)   In my class were they. (×)

---

227 Science and art belong to the whole world, // and **before them** / vanish the barriers of
S₁   V₁   장소의 부사구   V₂   S₂

nationality. – Johann Wolfgang von Goethe ((괴테, 독일 작가))

과학과 예술은 전 세계의 것이다. // 그리고 그것들 앞에서 / 국적이라는 장벽은 사라진다.

✔ 장소의 부사구가 문장 맨 앞에 와서 주어와 동사의 도치가 일어났다. 물리적인 위치의 장소뿐 아니라 추상적인 의미의 장소도 해당한다.
(= ~ and *the barriers of nationality vanish* **before them**.)
✔ the barriers와 nationality는 of로 연결된 동격 관계이다.

228 Now **available to scientists** are / technologies and equipment (to measure the
　　　　　　‾‾‾‾‾‾‾‾‾‾‾‾‾‾‾　　‾　‾‾‾‾‾‾‾‾‾‾‾‾‾‾‾‾‾‾‾‾‾‾‾
　　　　　　　　　　 C　　　　　　 V　　　　　　　　S
composition and structure of matter / on a nanoscale).

이제 과학자들에게 가능하다 / 기술과 장비가
(물질의 구성과 구조를 측정할 / 나노 크기에서).

✔ 이 경우는 보어가 앞으로 나가서 도치되었지만, 주부가 술부에 비해 너무 길어서 이해를 돕기 위해 긴 주어를 뒤로 보낸 것으로도 볼 수 있다.

---

229 **More obvious** is the fact [that people [who spend their lives watching television] /
　　　　　‾‾‾‾‾‾‾‾‾‾‾　‾‾　‾‾‾‾‾　　‾‾‾‾‾‾‾‾‾‾‾‾‾‾‾‾‾‾‾‾‾‾‾‾‾‾‾‾‾‾‾‾‾‾‾‾‾‾‾
　　　　　　　 C　　　　 V　　S　└─── = ───┘
do not read as much as they ought to].

사실은 더욱 분명하다 [사람들은 [TV를 시청하면서 자신들의 삶을 보내는] /
그들이 해야 할 만큼 독서를 하지 않는다는].

✔ 주부에 비해 보어가 너무 짧은 경우, 이해를 돕기 위해 보어를 앞으로 보내는 경우가 많으며 이때 주어와 동사의 순으로 도치가 일어난다.
(= The fact that ~ ought to is **more obvious**.)

---

230 **Hidden in our minds** are / our belief systems, // which have been built ^{V1} (from the
　　　　　‾‾‾‾‾‾‾‾‾‾‾‾‾‾‾‾‾　　‾‾‾‾‾‾‾‾‾‾‾‾‾‾　　‾‾‾‾‾　‾‾‾‾‾‾‾‾‾‾‾‾‾‾
　　　　　　　　 C　　　　　 V　　　　　 S
moment [we came into the world]) / by our parents, family, culture, environment,
and our education / [and] ultimately shape ^{V2} our own attitudes and behaviors].
　　　　　　　　　　　　　　　　‾‾‾‾‾‾

우리 마음속에는 신념 체계가 숨겨져 있다. // 이는 구축되어 왔다
(순간부터 [우리가 태어난]) / 부모, 가족, 문화, 환경,
그리고 교육에 의해 / 그리고 결국 우리 자신의 태도와 행동을 형성해왔다.

↳ 우리 마음속에는 태어난 순간부터 부모, 가족, 문화, 환경, 교육에 의해 구축되어, 결국 우리 자신의 태도와 행동을 형성하는 신념 체계가 숨겨져 있다.

✔ 보어 hidden in our minds가 문장 맨 앞으로 나오고 주어와 동사의 도치가 일어났다.
(= Our belief systems, which ~ attitudes and behaviors, are **hidden in our minds**.)

✔ 주어 our belief systems를 보충 설명하는 which 관계사절의 술부 have been built ~와 ultimately shape ~이 and로 연결되었고, 전치사 from의 목적어 the moment를 수식하는 관계부사절((when) we came into the world)에서 관계부사 when은 생략되었다.

~ our belief system, which ┌─ **have been built** from the moment (*when*) we came ~ education
　　　　　　　　　　　　　　　[and]
　　　　　　　　　　　　　　　└─ ultimately **shape** our own attitudes and behaviors.

---

231 [So] imprudent are we // [that] we waste our lives thinking about the future, (a time
　　　‾‾‾‾‾‾‾‾‾‾‾‾　‾‾‾　‾‾　　　　　　　　　　　　　　　　　　　　　　‾‾‾‾‾‾‾‾‾‾
　　　　 C　　　 V　 S　　　　　　　　　　　　　　　　　　　　　　　└── = ──┘
[in which we are powerless]), / rather than focusing on the present, (the time [in which
‾‾‾‾‾‾‾‾‾‾‾‾‾‾‾‾‾‾‾‾‾‾‾‾‾‾‾　　　　　　　　　　　　　　　　　　　　　　 ‾‾‾‾‾‾‾‾‾‾‾‾‾‾‾‾‾‾
　　　　　　　　　　　　　　　　　　　　　　　　　　　　　　　└─ = ─┘
we have control]). –수능응용

우리는 아주 경솔해서 // 미래를 생각하며 우리의 삶을 낭비한다
([우리가 어찌할 수 없는] 시간인), / 현재에 집중하기보다는, ([우리가 통제할 수 있는] 시간인).

QUESTION powerless
해설 | 문맥상 현재에 대한 내용인 we have control(우리가 통제할 수 있는)과 대조되는 말이 와야 적절하므로 '힘없는, 무력한'의 의미인 powerless가 적절하다. influential은 '영향력 있는, 영향력이 큰'의 뜻을 갖는다.

✔ 〈so+형용사+that ... (아주 ~해서 ...하다; ...할 정도로 ~하다)〉 구문에서 〈so+형용사〉 부분이 문장 맨 앞으로 나오면 주어와 동사의 도치가 일어난다.
(= We are **so imprudent** that ~.)

✔ waste+시간[돈]+(in) v-ing: v하는 데 시간[돈]을 낭비하다
~ waste our lives ┌ thinking about the future, ~,
　　　　　　　　　 [rather than]
　　　　　　　　　 └ focusing on the present, ~.

✔ 보어가 강조되어 문장 앞으로 위의 문장처럼 문어체 표현인 경우 주어와 동사가 도치되기도 한다. 그러나 대개 〈C+S+V〉이 정상 어순으로 쓰인다.

cf. 목적어를 문장 앞에 두는 경우에는 주어와 (조)동사가 도치되지 않는다.

All the knowledge [I possess] / everyone else can acquire, // but my heart is all my own.
　　　　　　　　O　　　　　　　　　S　　　조동사　V

([내가 가진] 모든 지식은 / 다른 모든 사람이 가질 수 있다, // 그러나 나의 마음은 전부 나 자신의 것이다.)

---

232 Integrity is the key (to defending ourselves against <u>the virus of corruption</u>), (like an

element in one's immune system); // boxed(**such**) a crucial one is its role // boxed(**that**) not only
　　　　　　　　　　　　　　　　　　　　　　　　　　　　　C　　　　　V　S

individuals, but systems and institutions too / need it.

진실성은 열쇠이다 (부패라는 바이러스에 대항하여 우리 자신을 보호하는 것의)
(사람의 면역 체계에 있는 요소와 같이) // 진실성의 역할은 매우 중요한 것이어서 //
개인들뿐만 아니라 제도와 기관 역시 / 그것이 필요하다.

✔ 〈such+(a/an)+(형용사)+명사+that ... (아주 ~해서 …하다; …할 정도로 ~하다)〉 구문의 〈such+a+형용사+명사〉 부분이 앞으로 나오면 주어와 동사의 도치가 일어난다. (= ~; *its role is* **such a crucial one** *that* ~.)

UNIT 2 3 문장 뒤로 이동

233 The computer <u>has made</u> *possible* / <u>vast gains (in industrial productivity and</u>
　　　　　　　　　　　　　V　　　　　C　　　　O

<u>global communication).</u>

컴퓨터는 가능하게 했다 / 막대한 증가를 (산업 생산성과 국제 통신의).

> **QUESTION** vast gains in industrial productivity and global communication
> 해설 | 목적어(O)가 길고 목적격보어(C)가 비교적 짧아 문장의 균형을 맞추기 위해 목적어가 목적격보어 뒤에 왔다.

✔ = The computer has made **vast gains ~ global communication** *possible*.

---

234 The reason is not known [why allergy to particular substances, (such as pollen,
　　　　　S↑　　　V

metal, or food), / occurs in some people and not in others].

이유는 알려지지 않았다 [특정 물질에 대한 알레르기가 (꽃가루,
금속, 또는 음식과 같은) / 어떤 사람들에게는 발생하고 다른 사람들에게는 발생하지 않는].

> **QUESTION** why allergy to particular substances, such as pollen, ~ not in others
> 해설 | 관계사절을 포함한 주부보다 술부가 매우 짧아, 주어를 수식하는 긴 관계사절을 술부 뒤로 보낸 경우이다. 즉 why가 이끄는 관계사절의 선행사는 주어 The reason이다.

✔ = The reason **why allergy ~ in others** *is not known*.

---

235 By inviting parents to participate in childhood education programs, / teachers <u>have left</u>
　　　　　　　　　　　　　　　　　　　　　　　　　　　　　　　　　　　　　V

open / <u>the possibility</u> (of collaborating with children and adults / and expanding
　　C　　　　O

the community).

학부모들을 아동 교육 프로그램에 참여하도록 초청함으로써, / 교사들은 열어 두었다
/ 가능성을 (아이들 및 어른들과 협력하고 / 집단을 확장할).

✔ 목적어가 길고 목적격보어가 비교적 짧아 목적어가 목적격보어 뒤에 왔다.
(= ~, the teachers have left **the possibility ~ community** *open*.)

236 Astronomers no longer regard *as fanciful* / the idea [that they may one day pick up
signals [which have been sent by intelligent beings on other worlds]].

천문학자들은 더는 공상적이라고 여기지 않는다 / 생각이 [자신들이 언젠가는 신호를 포착할지도 모른다는
[다른 세계의 지적 생명체에 의해 보내진]].

- 〈regard A as B〉 구문에서 목적어인 A(the idea) 뒤에 긴 동격절이 이어져 목적어 전체가 문장의 뒤에 왔다.
  (= ~ regard **the idea that ~ other worlds** as fanciful.)
- which 이하는 signals를 수식하는 주격 관계대명사절이다.

237 Experts in education recommend / that teachers (*should*) withhold their personal
opinions / in classroom discussions // as the position of the teacher carries *with it* /
an authority [that might influence some students / to accept the teacher's opinion
without question / and thus ∨ miss the point of the activity]. – 모의응용

교육 전문가들은 권한다 / 교사들이 개인적 의견을 내지 말 것을
/ 학급 토론에서 // 왜냐하면 교사의 지위는 이와 함께 수반하기 때문이다 /
권위를 [일부 학생들에게 영향을 미칠 수도 있는 / 교사의 의견을 이의 없이 받아들이도록
/ 그래서 활동의 요점을 놓치도록].

- 첫 번째 that은 recommend의 목적어 역할을 하는 명사절을 이끄는 접속사이며, 두 번째 that은 carries의 목적어인 an authority를
  선행사로 하는 주격 관계대명사이다. that절의 수식을 받아 길어진 목적어가 with it 뒤에 왔다.
  (= ~ carries **an authority that ~ of the activity** with it.)
- carries with it에서 it은 the position of the teacher를 가리킨다. 여기서 수식어구(M)인 with it은 강조를 위해 쓰인 것으로 의미상 생
  략될 수도 있다.
- ∨ 자리에는 to부정사의 to가 반복되어 생략되었다.

238 The streets of medieval cities / were sadly far below ideal; // they were not always
paved, // though occasionally one finds *in medieval records* / a note of the payment
(for a street to be covered in stone).
        의미상 주어

중세 도시의 도로들은 / 애석하게도 이상(적인 목표)에 한참 못 미쳤다 // 도로들은 항상 포장되어 있지는 않았다.
// 가끔 누군가가 중세의 기록물에서 발견하기는 하지만 / 지급 기록을
(도로를 돌로 덮는 것에 대한).

- to부정사구(to be covered in stone)의 수식을 받아 길어진 목적어가 부사구 in medieval records 뒤에 왔다.
  (= ~ one finds **a note of payment ~ in stone** in medieval records.)

239 Science has brought / *within the reach of the multitudes* / benefits and advantages
[that were only available to privileged people up until recently].

과학은 가져다주었다 / 일반 대중의 손이 닿는 곳에 / 이익과 이점을
[최근까지 특권층만 이용할 수 있었던].

TOPIC positive role | 과학의 긍정적인 역할

- 주격 관계대명사절(that ~ until recently)의 수식을 받아 길어진 목적어 benefits and advantages ~ recently가 부사구 within ~
  multitudes 뒤에 왔다.
  (= Science has brought **benefits and ~ up until recently** within the reach of the multitudes.)

240 In Plato's famous cave metaphor, / prisoners were imagined (tied in such a way [that they saw only the shadows of passers-by]) // and they believed the shadows to be real / — never guessing the complex reality [that was accessible // if they would but turn their heads].

플라톤의 유명한 동굴 비유에서, / 죄수은 그려졌다 (~한 방식으로 묶여있는
[그들이 지나가는 사람들의 그림자만 보는]) // 그리고 그들은 그 그림자가 현실이라고 믿었다
/ (그러면서) 복잡한 현실은 상상할 수 없었다 [볼 수 있었던 // 그들이 고개를 돌리기만 했다면].

↳ 플라톤의 동굴 비유에서, 지나가는 사람들의 그림자만 볼 수 있게 묶여있는 죄수들은 그림자가 현실이라고 믿었고 고개만 돌리면 볼 수 있는
현실(그림자가 아닌 실체)은 상상하지 못했다.

✔ 과거분사구(tied ~ passers-by)의 수식을 받는 주어부보다 술부(were imagined)가 매우 짧아서, 과거분사구가 술부 뒤에 왔다.
(= ~, prisoners **tied in ~ passers-by** *were imagined* ~.)
✔ 마지막 if절의 but은 '단지, ~만'이라는 뜻의 부사로 쓰였다.

241 Although competition has contributed a lot to the development of society, // it remains true / that conditions continue to persist [that make it hard / for us to stay calm and be free of anxiety].

비록 경쟁이 사회 진보에 많은 기여를 해왔지만, // (~은) 사실로 남아있다
/ 상황이 지속하기를 계속한다는 것은 [(~을) 어렵게 만드는 (상황)] / 우리가 침착함을 유지하고
걱정으로부터 자유로워지는 것을].

✔ 첫 번째 it은 가주어, that conditions 이하가 진주어다. 두 번째 it은 가목적어, to stay calm ~ anxiety가 진목적어이고, for us가 진목적어의 의미상 주어이다.
✔ 진주어 that절의 주어(conditions)를 수식하는 that 관계사절보다 술부(continue to persist)가 매우 짧아서, 주어를 수식하는 관계사절이 술부 뒤에 왔다. (= ~ conditions **that make ~ anxiety** *continue to persist*.)

242 Because of some research (showing // that people already get plenty of vitamins / from the food [they eat]), / the question is often asked [whether multivitamins should be taken each day].

몇 가지 연구 때문에 (보여주는 // 사람들이 이미 충분한 양의 비타민을 섭취하고 있음을 /
음식으로부터 [그들이 먹는]), / 의문이 종종 제기된다 [종합비타민제가
매일 복용되어야 하는지].

QUESTION ①
해설 | the question과 동격 관계에 있는 whether가 이끄는 명사절에 비해 술부가 매우 짧아 동격절이 뒤로 떨어진 구조로, the question의 구체적인 내용은 뒤의 whether절에 해당한다.

✔ = ~, the question **whether multivitamins ~ each day** *is often asked*.

243 Wagner's *The Ring of the Nibelungs* is distinctive // in that it is almost entirely operatic; // also *unusual* is the fact **[that the libretti for his operas were written by**
<u>C</u> <u>V</u> <u>S</u> =
the composer himself] / — a task (normally reserved for a poet or literary notable).

— 경찰대

바그너의 〈니벨룽겐의 반지〉는 독특하다 // 그것이 거의 완전히
오페라식이라는 점에서 // 또한 사실이 독특하다 [자신의 오페라를 위한 대본이
바로 그 작곡가인 자신에 의해 쓰였다는] / 즉 (보통 시인이나 문학계 유명 인사를 위해 남겨지는) 일.

- 보어인 unusual이 앞으로 나가고 동격 that절의 수식을 받는 주어 the fact가 뒤로 나가면서 주어와 동사가 도치된 형태이다.
  (= the fact **that the libretti ~ himself** is also *unusual*)
- 대시(—)에 이어지는 a task 이하는 the libretti를 부연 설명하고 있다.

  F·Y·I 〈니벨룽겐의 반지〉는 독일의 작곡가 바그너가 신화를 바탕으로 만든 악극으로, 이는 음악뿐 아니라 문학, 연극 등의 예술 장르를 융합한 형식이다. 4부작으로 구성된 대작으로 연주 시간은 무려 14시간 30분에 달한다.

UNIT 24 이미 아는 정보+새로운 정보

244 Greek vases were decorated with detailed paintings (showing daily life, hunts, gods, and festivals). **Much of what we know about ancient Greek life** / we learned by
<u>O</u> <u>S</u> <u>V</u>
studying these vases.

그리스 꽃병들은 상세한 그림으로 장식되었다 (일상생활, 사냥, 신,
그리고 축제를 보여 주는). 고대 그리스의 삶에 대해 우리가 아는 많은 것을 / 우리는
이 화병들을 연구함으로써 알게 되었다.

QUESTION 위의 구문 해설 참고
해설 | 목적어(이미 아는 정보)를 문장 앞에 둔 형태이다. 목적어는 문장 앞에 와도 주어와 동사의 도치가 일어나지 않는다.

- = *We learned* **much of what we know about ancient Greek life** by studying these vases.

245 Camping in the wilderness, / we spent the first few nights shivering / in a shaky tent / and guarded against the icy wind. **These hardships** we endured, // and I thought it
<u>O</u> <u>S</u> <u>V</u>
was worth it / because we could see a majestic sunrise the next morning.

황무지에서 캠핑하면서, / 우리는 추위에 몸을 떨면서 첫 며칠 밤을 보냈다 / 흔들리는 텐트 안에서 /
그리고 얼음같이 찬 바람을 막아냈다. 이 고난들을 우리는 견뎌냈고, // 나는 그것이
그럴 만한 가치가 있었다고 생각한다 / 다음 날 아침 우리가 장엄한 일출을 볼 수 있었기 때문에.

- 앞에서 언급한 이미 아는 정보(These hardships)인 목적어를 새로운 정보인 주어와 동사 앞에 둔 형태이다.
  (= *We endured* **these hardships**, and ~.)

246 The accumulated layers of energy-rich organic matter, (such as land plants and marine life), / were gradually turned into coal and oil / by the pressure of the overlying earth.
The energy (stored in their molecular structure) / we can now release by burning.
<u>O</u> <u>S</u> <u>V</u>

— 경찰대응용

에너지가 풍부한 유기물의 축적 층은, (육지 식물이나 해양 생물과 같은,)
/ 점차 석탄과 석유로 바뀌었다 / 위에 겹친 지층의 압력에 의해.
에너지를 (그것들의 분자 구조에 저장된) / 이제 우리가 연소시킴으로써 방출할 수 있다.

☑ 새로운 정보인 we can now release by burning을 뒤로 보내고, 구정보인 목적어를 앞에 둔 형태이다.
(=*We can now release* **the energy stored in their molecular structure** *by burning.*)

---

247 Influencer marketing arrived in the nick of time / and has allowed brands to regain the attention of their consumers. **Behind this success** / lies a profitable collaboration
부사구   V   S

between advertisers and influencers.

인플루언서 마케팅이 때마침 일어났고 / 브랜드들이
소비자의 관심을 다시 받을 수 있게 해주었다. 이러한 성공의 이면에는 / (~이) 있다
광고주와 인플루언서 간의 수익성이 있는 공동 작업이.

☑ 두 번째 문장은 구정보를 포함한 부사구를 앞에 두고 새로운 정보를 뒤로 보낸 형태이다. 장소의 부사구가 문장의 앞에 와서 주어와 동사의 도치가 일어났다.
(=*A profitable collaboration ~ influencers lies* **behind this success.**)

F·Y·I 인플루언서(Influencer)는 '영향을 주다'라는 단어 influence에 '사람'을 뜻하는 접미사 -er을 붙인 것으로 '영향력을 행사하는 사람'을 뜻한다. 파급력이 큰 블로그를 운영하는 파워 블로거, 수십만 명의 팔로워 수를 가진 SNS 사용자, 1인 방송 진행자 등이 이에 속하며, 이들을 활용해 제품이나 서비스를 홍보하는 것을 인플루언서 마케팅이라 한다.

---

248 We must consider the status of African-American English / as that of an endangered
= the status

species in need of protection. If we don't, // we can expect / this fragile, irreplaceable
S₁   V₁   O₁

repository [where history and community are kept] to become extinct, / and **along**
C₁   부사구

with it will be extinguished much of what constitutes their identity. —경찰대응용
V₂   S₂

우리는 아프리카계 미국인 영어의 상태를 간주해야 한다 / 보호가 필요한 멸종 위기에 놓인 종의 상태로.
그러지 않으면, // 우리는 예상할 수 있다 / 이 연약하고 대체 불가능한
보고(寶庫)가 [역사와 공동체가 보유된] 사라지리라고, / 그리고
그와 함께 그들의 정체성을 구성하는 많은 것이 소멸될 것이다.

QUESTION ① | ① 만약 우리가 아프리카계 미국인 영어의 감소를 무시한다면 ② 만약 우리가 아프리카계 미국인 영어를 대체하지 않는다면
해설 | 앞 문장의 '아프리카계 미국인 영어는 보호 필요하다'는 내용을 받아서 '보호하지 않으면'을 가정하는 내용이다.

☑ 후반부의 and 이후에서 구정보를 포함한 부사구(along with it)를 앞에 두고 새로운 정보를 뒤로 보낸 형태이다. 부사구가 문장의 앞에 와서 주어와 동사의 도치가 일어났다.
(= *~ and* **much of what constitutes their identity** *will be extinguished* **along with it.**)

---

249 Cities across the globe are coping with myriad challenges, / from collapsing fertility, migration from rural areas and the disappearance of the middle class. **Topping these** / is the fact [that cities account for a huge amount of greenhouse gas emissions
S   =

worldwide].

전 세계의 도시들은 무수한 문제에 대처하고 있다, / 급격히 떨어지고 있는 출생률,
농촌 지역으로부터의 이주, 중산층 소멸로 인한. 이것들을 능가하는 것은 /
사실이다 [도시가 전 세계적으로 엄청난 양의 온실가스 배출의 원인이 된다는].

☑ 동사의 진행형 중 일부인 Topping과 목적어인 앞에서 언급한 내용을 대신하는 지시대명사 these를 문장의 맨 앞에 두고 동격절의 수식을 받는 새로운 정보인 the fact 이하를 뒤로 보낸 형태이다.
(= *The fact that ~ worldwide* is **topping these.**)
S   V   O

250 Managing risks to stay competitive / is a challenge [many businesses are facing] // and **linked to this** / is the importance (of having the right talent, the right team and the right capability (to make such decisions)).
S

경쟁력을 유지하기 위해 위험 요인을 관리하는 것은 / 과제이다 [많은 기업이 직면하고 있는] // 그리고
이것과 관련이 있는 것은 / 중요성이다 (적합한 인재, 적합한 팀 그리고 적합한 역량을 갖추는 것의
(그러한 결정을 내릴 수 있는)).

✔ 동사의 수동형 중 일부와 앞에서 언급한 내용을 대신하는 this를 포함하는 linked to this를 문장의 맨 앞에 두고 새로운 정보인 the importance 이하를 뒤로 보낸 형태이다.
(= *the importance of ~ such decisions* is **linked** to this.)
    S   V

251 So many things [my teacher told me ●] / I will understand in time // and I can't wait
    O   S'   V'   IO'   S   V

to see / how the seeds [he planted within me] grow.

[나의 선생님이 내게 말씀하신] 아주 많은 것들을 / 나는 결국 깨달을 것이다 // 그리고 빨리 보고 싶다
/ [선생님이 내 안에 심은] 씨앗이 어떻게 자라는지.

✔ 목적격 관계대명사가 생략된 관계사절 my teacher told me의 수식을 받는 목적어 So many things가 주어, 동사 앞에 위치한 형태이다. 문장의 초점이 되는 내용을 뒤에 두기 위함이다.
(= *I will understand* **so many things my teacher told me** in time ~.)

✔ how 이하는 see의 목적어 역할을 하는 명사절로, 그 안에 주어 the seeds를 수식하는 목적격 관계대명사 that[which]이 생략된 관계사절 he ~ me가 포함되어 있다.

252 With a growth mindset, / individuals are more likely to continue working hard, // and
that, (however tough it is to work with), they will retain / until they achieve their
    O (= a growth mindset)   (individuals =) S   V

goals.

성장형 사고방식으로, / 개인은 계속해서 열심히 일할 가능성이 더 있다. // 그리고
그것(성장형 사고방식)을, (그것이 일하기에 아무리 힘들더라도,) 그들은 유지할 것이다 / 그들이 목표를 달성할 때까지.

✔ 새로운 정보를 강조하기 위해 대명사인 목적어 that을 주어와 동사 앞에 둔 형태이다. 대명사 that은 앞에 언급된 a growth mindset(성장형 사고방식)을 가리킨다.

✔ 목적어인 that과 주어(they) 사이에 양보절(however tough it is to work with)이 삽입된 형태이다.
(= ~ and however tough it is to work with, *they will retain* **that** until they achieve their goals.)

F·Y·I 성장형 사고방식(growth mindset): 미국의 Carol Dweck 교수의 실험에서, 똑똑하다고 칭찬받은 초등학생들은 쉬운 문제를 선택하고 어려운 문제를 쉽게 포기한 반면, 노력한다는 칭찬을 들은 학생들은 어려운 문제를 선택하고 문제 해결을 위해 끝까지 노력한 결과를 얻었다. 즉 노력에 대한 칭찬을 받은 학생들은 '성장형 사고방식(growth mindset)'을 갖추어 미래를 바라보고 자신의 능력을 개발하기 위해 노력한다. 이와 대조되는 '고착형 사고방식(fixed mindset)'을 갖게 되면 현재에 안주하여 노력하지 않게 된다.

253 When dealing with a problem, / slowing down provides time (to consider **how the issue has been framed** // and **whether we have really considered all the relevant factors**). – 모의응용

문제를 처리할 때, / 속도를 늦추는 것은 시간을 제공해 준다
(문제가 어떻게 만들어졌는지를 생각할 // 그리고 우리가 관련된 모든 요소를 정말 고려했는지를 (생각할)).

> QUESTION▶ how the issue has been framed, whether we have really considered all the relevant factors

✔ consider의 목적어 역할을 하는 how와 whether가 이끄는 절이 등위접속사 and로 병렬 연결되었다.

254 Variations in residents' feelings (about tourism's relationship to environmental damage) / are related to / **the type of tourism,** / **the extent [to which residents feel the natural environment needs to be protected],** / and **the distance [residents live] from the tourist attractions.** – 수능

주민들의 생각 차이는 (환경 훼손에 대한 관광 산업의 관련성에 대해)
/ ~와 연관이 있다 / 관광 산업의 유형, / 정도 [주민들이
자연환경이 보호될 필요가 있다고 느끼는] / 그리고
관광 명소에서 떨어져 [주민들이 사는] 거리와.

✔ 전치사 to의 목적어인 세 개의 명사구 the type ~, the extent ~, the distance ~가 등위접속사 and로 병렬 연결되었다.

255 Guilt is anger (directed at ourselves / — at what we **did** or **did not do**). Resentment is anger (directed at others / — at what they **did** or **did not do**). – Peter McWilliams ((美 작가))

죄책감은 분노이다 (우리 자신에게 향해진 / 즉 우리가 했거나 하지 않은 것에 대한). 분개는
분노이다 (다른 이들에게 향해진 / 즉 그들이 했거나 하지 않은 것에 대한).

✔ 대시(—) 다음에 나오는 내용은 각각 앞의 전명구(at ourselves, at others)를 부연 설명한다.
✔ what이 이끄는 관계사절은 각각 전치사 at의 목적어로 쓰였다. 이 관계사절의 동사 did와 동사 did not do가 각각 등위접속사 or로 병렬
연결되었다.

256 Creative thinking is fostered in classrooms [where children are given opportunities (**to explore new materials and ideas,** / and **to construct new knowledge and skills**)].

창의적인 생각은 교실에서 길러진다 [아이들에게 기회가 주어지는
(새로운 자료와 생각을 탐구하고, / 새로운 지식과 기술을 쌓을)].

✔ where 이하의 관계부사절이 classrooms를 수식하고 있으며, 그 안에 opportunities와 동격을 이루는 두 개의 to부정사구가 등위접속사
and로 병렬 연결되었다.

257 To attract and impress audiences, / the news media employ sophisticated techniques **[that project a reassuring appearance of credibility]** // `and` **[(that) make their stories seem unbiased, comprehensive, and utterly factual]**.

시청자들을 끌어당기고 깊은 인상을 주기 위해, / 뉴스 매체는 정교한 기술을 사용한다
[신뢰로 안심을 주는 모습을 나타내는] // 그리고
[그들의 보도가 편향되지 않고, 포괄적이며, 전적으로 사실에 입각한 것으로 보이게 하는].

QUESTION unbiased

해설 | 뉴스 매체가 신빙성 있어 보이게 하는 정교한 기술을 사용한다는 내용으로, comprehensive, utterly factual과 같은 맥락의 '편향되지 않은'이라는 의미를 갖는 unbiased가 적절하다.

✔ sophisticated techniques를 수식하는 두 개의 주격 관계대명사 that절이 등위접속사 and로 병렬 연결되었다. 두 번째 that은 생략할 수 있다.

---

258 Critics of group work urge // that schools **reexamine their policies** / `and` **allow some students to work on their own**. They believe // there is no reason (to make some students cooperate with other students **[with whom they have little in common]** // `and` **[for whom they do the lion's share of the work]**).

그룹 활동을 비판하는 사람들은 촉구한다 // 학교들이 그들의 정책을 재검토할 것을 / 그리고
일부 학생들이 혼자서 활동하게 할 것을. 그들은 믿는다 // 이유가 없다고
(일부 학생들이 다른 학생들과 협력하게 할 [자신들과 공통점이 거의 없는] //
그리고 [자신들이 활동의 가장 큰 몫을 해 주는]).

↳ 그룹 활동을 비판하는 사람들은 일부 학생들이 자신들과 공통점이 거의 없는 다른 학생들, 그리고 그룹 활동의 대부분을 하게 하는 다른 학생들과 협력할 이유가 없다고 믿는다.

✔ urge와 같이 '~해야 한다'는 의미의 동사의 목적어로 쓰인 that절이 당위의 내용을 나타내면, that절의 동사는 《(should+)동사원형》으로 쓴다. 이 당위의 내용을 나타내는 술어 부분(reexamine their policies와 allow ~ on their own)이 등위접속사 and로 병렬 연결되었다.

✔ other students를 선행사로 하는 두 개의 〈전치사+관계대명사〉절이 등위접속사 and로 병렬 연결되었다.

F·Y·I the lion's share: 몫을 나눈 것 중에서 가장 크거나 좋은 부분을 가리키며, 이솝 우화에서 유래한 표현이다. 사자, 당나귀, 여우가 힘을 합쳐 사냥한 후 배분하는 과정에서 사자가 나머지 동물을 위협하거나 물어 죽이고 가장 크고 좋은 부분을 차지한 이야기에서 유래했으며, 힘과 권력을 가진 자가 제일 좋고 많은 양을 차지하는 경우를 표현할 때도 쓰인다.

---

259 Language is the medium **[through which groups preserve their innate cultures, //
educational transactions take place //** `and` **norms and laws are established]**.

언어는 매체이다 [집단들이 그들 고유의 문화를 보존하고, //
교육적 교류가 이루어지며 // 규범과 법이 확립되는].

✔ the medium을 수식하는 through which 이하의 관계사절에서 관계사에 이어지는 세 개의 절이 등위접속사 and로 병렬 연결되었다.

---

260 Without government support of the arts, / there would be a great deal of cultural wealth lost / because of the lack of power (to `either` **promote creation** / `or` **protect it for future generations**). – 모의응용

만약 예술에 대한 정부의 지원이 없다면, / 상당한 문화적 자원의 손실이 있을 것이다
/ 힘의 부족 때문에 (창작을 활성화시키는 / 또는
후세를 위해 그것을 보호하는).

✔ 〈either A or B (A와 B 둘 중 하나)〉 구문에서 A와 B에는 문법적으로 대등한 것이 와서 병렬구조를 이룬다. 여기서는 the lack of power를 수식하는 두 개의 to부정사구에서 to 이하인 promote creation과 protect ~ generations가 병렬 연결되었다.

✔ 과거형 조동사 would로 보아, Without이 이끄는 전명구는 가정의 의미를 함축하는 가정법 과거 구문이다.
(= *If it were not for* government support of the arts, there would be ~.)

261 Make progress every day. We understand // that life is ⎡not⎤ **always about dramatic change**, / ⎡but⎤ **more often about the small steps and achievements [we make ● each day]**.

매일 진전을 이루어라. 우리는 안다 // 삶이 언제나 극적인 변화에 관한 것은 아니고,
/ 더 많은 경우에 작은 진척과 성취에 관한 것임을 [우리가 날마다 이루어내는].

- ✔ 〈not A but B (A가 아니라 B)〉 구문에서 A와 B의 자리에 〈전치사＋명사〉구가 병렬 연결되었다.
- ✔ we make each day는 목적격 관계대명사 that[which]이 생략된 관계대명사절로 선행사 the small steps and achievements를 수식한다. ●는 원래 목적어가 위치했던 자리이다.

262 Animals (— and people —) [who have been raised in extreme social isolation] / are poor at reading emotional cues in those around them // ⎡not⎤ **because they lack the basic circuitry for empathy** // ⎡but⎤ **because, (lacking emotional tutors), they have never learned to pay attention to these messages / so haven't practiced this skill**.

— 모의

동물들은 (그리고 사람들은) [극도의 사회적 고립 속에서 길러진] /
그들 주변의 사람들의 감정적 단서를 잘 읽어내지 못하는데 // 그들이
공감을 위한 기본 (신경) 회로망이 부족하기 때문이 아니라 // (감정의 스승이 없어서,) 그들은
이러한 메시지에 관심을 가지는 법을 결코 배운 적이 없고, / 그래서 이런 기술을 연습하지 못했기 때문이다.

QUESTION lacking

해설 | but because가 이끄는 절에서 주어는 they, 동사는 have (never) learned와 haven't practiced이다. 따라서 네모 부분은 준동사 자리이고 문맥상 이유를 나타내는 분사구문을 이끄는 분사 lacking이 적절하다.

- ✔ 〈not A but B〉 구문이 활용된 〈not because A but because B (A 때문이 아니라 B 때문에)〉에서 A와 B의 자리에 because절이 병렬구조를 이루고 있다.

UNIT 26 연결어구의 후보가 두 개 이상인 문장

263 Instead of trying to get children to buckle down, / why not focus / on getting them to take **pleasure** / in meaningful, productive activity [which intrigues them to take steps toward learning new skills] / ⎡and⎤ natural joy / in learning what they want to learn?

아이들이 어떤 일을 본격적으로 하게 하려고 애쓰는 대신에, / 집중하는 것이 어떨까 /
그들이 즐거움을 얻게 하는 데 / 의미 있고 생산적인 활동에서
[그들이 새로운 기술을 배우기 위한 조치를 취하도록 그들의 흥미를 유발하는] / 그리고 자연스러운 기쁨을 (얻게 하는 데) /
그들이 배우고 싶어 하는 것을 배우는 것에서?

QUESTION pleasure

- ✔ take의 목적어인 두 개의 명사 pleasure와 natural joy가 등위접속사 and로 병렬 연결되었다. pleasure 뒤의 전명구에 포함된 명사인 activity나 new skills를 natural joy와 병렬구조를 이루는 요소로 착각하지 않도록 주의한다.

264 Do n't think of today / as **just another day of your life** / but a grand opportunity [nature has offered you / to surmount the hurdles [you couldn't surmount yesterday]].

오늘을 생각하지 마라 / 인생의 또 다른 날로만 / 절호의 기회라고 (생각하라)
[세상이 당신에게 제공한 / 장애물을 극복하도록 [당신이 어제 극복할 수 없었던]].

QUESTION ▶ a grand opportunity ~ you couldn't surmount yesterday

해설 | 전치사 as의 목적어로 두 개의 명사구 just another day ~ life와 a grand opportunity ~ yesterday가 등위접속사 but으로 병렬 연결되었다.

✔ 〈not A but B (A가 아니라 B)〉 구문에서 not이 A 바로 앞이 아니라 명령문의 동사와 결합한 점에 주의한다.
✔ think of A as B: A를 B라고 생각하다[여기다]

265 We recall information [that we've learned] most effectively / when we're given reminder prompts, (such as the initial letter of a required word), // and when we are presented with a good memory trigger, / the relevant "memory web" draws the memory out.

우리는 [학습한] 정보를 가장 효과적으로 기억해낸다 /
기억을 상기시키는 자극물이 주어질 때, (요구되는 단어의 첫 글자와 같은), // 그리고
훌륭한 기억 유도물이 제시될 때, / 관련된 '기억망'이
그 기억을 이끌어낸다.

QUESTION ▶ We recall information ~ a required word, when we are presented ~ the memory out

✔ 각각 when절을 동반한 두 개의 절이 and로 병렬 연결된 형태이다.
┌ We recall information ~ when we're given ~ a required word,
│ and
└ when we are presented ~, the relevant ~ the memory out.

266 The ability (to maintain some flexibility / in both your ideas and your habits) / will decrease your inclination (to disagree) / and increase your ability (to compromise and ∨ move toward a solution).

능력은 (어느 정도의 융통성을 유지하는 / 당신의 생각과 습관 모두에서) /
(반대하는) 경향을 줄일 것이고 / 능력을 강화할 것이다 (타협하여
해결책으로 나아가는).

QUESTION ▶ decrease your inclination to disagree, increase your ability ~ a solution

✔ increase 앞의 and에 의해 will 다음에 두 개의 동사구 decrease ~와 increase ~가 병렬 연결되었다.
✔ increase가 이끄는 동사구 안의 and에 의해 your ability를 수식하는 두 개의 to부정사구 to compromise와 (to) move ~가 병렬 연결되었다. ∨ 자리에는 반복되는 to가 생략되었다.

267 The odor of a flower is usually constant, // while **color can appear different under different lighting conditions**, / and shape changes with damage from wind and herbivores.

꽃의 향기는 보통 일정하다. // 반면에 (꽃의) 색은 다른 조명 상태에서 다르게 보일 수 있다.
/ 그리고 (꽃의) 형태는 바람과 초식동물에 의한 손상에 따라 달라진다.

✔ 첫 번째 and로 절(color ~ conditions)과 절(shape ~ herbivores)이 병렬 연결되었다.
✔ 동사 appear은 SVC 문형으로 쓰여 뒤에 형용사구 보어(different ~ conditions)가 왔다. (~하게 보이다)
✔ shape는 명사와 동사 모두로 쓰이는데, 여기서는 명사(주어)로 쓰였다.

268 Unless we ensure to the enemies of freedom / the liberties [which they are keen to abuse], // then we **deny the essence [of what we ultimately stand for]** / and **are therefore no better than those [to whom we are opposed]**. –John Stuart Mill ((英 철학자))

만약 우리가 자유의 적들에게 보장하지 않는다면 / 자유를 [그들이 오용하려고 혈안인],
// 그러면 우리는 본질을 부정하는 것이다 [우리가 궁극적으로 지지하는 것의] / 그리고
그러므로 [우리가 맞서 싸우는] 사람들만큼이나 나쁘다.
 ↳ 자유를 나쁘게 사용하려는 사람들에게도 자유를 보장해야 한다. 모든 이들에게 자유를 보장하지 않는다면, 우리가 지지하는 것의 본질을 부정하는 것이고, 결국 자유를 오용하려는 사람들과 다를 게 없기 때문이다.

> **SUMMARY** guaranteed | 자유를 오용하는 사람들에게조차도 자유는 항상 <u>보장되어야</u> 한다.

✔ 주절의 주어 we에 이어지는 두 개의 동사구(deny ~ stand for, are ~ opposed)가 and로 병렬 연결되었다. and 뒤의 are가 바로 앞의 stand for와 연결되는 것이 아님에 주의한다.
✔ 여기서 freedom은 제한·속박·억압이 전혀 없는 상태를, liberty는 속박·억압 따위로부터의 해방을 강조하는 말이다.
✔ no better than ~ = as bad as ~ (◁ Unit 32)

---

269 **Substitute yogurt, low-fat milk, avocados for heavy cream,** / or **fresh herbs for salt,** // and **you'll lower risks for heart disease, diabetes, and other diseases.**

유지분이 많은 크림을 요거트, 저지방 우유, 아보카도로 대체하라, / 또는 소금을 신선한 허브로 (대체하라),
// 그러면 심장병, 당뇨병, 및 기타 질병에 걸릴 위험을 낮출 것이다.

✔ or fresh herbs가 앞의 항목들과 나열된 구조가 아니라, 두 개의 〈substitute A for B (B를 A로 바꾸다, 대신하다)〉 구조가 or에 의해 다음과 같이 병렬 연결되었다.

Substitute ┬ yogurt, low-fat milk, avocados for heavy cream
         │   A   B
         │or
         └ fresh herbs for salt
              A   B

✔ you'll 앞의 and에 의해 두 절 Substitute ~ salt와 you'll lower ~ diseases가 병렬 연결되었다. (명령문+and ~: …해라, 그러면 ~ 할 것이다.)

---

270 **We spend a lot of time in teaching children how to read,** / less ∨ **in teaching them how to speak,** / and **hardly any ∨ in teaching them how to listen,** // but **the importance of these skills in business** / **is essentially reversed.** –모의응용

우리는 아이들에게 읽는 법을 가르치는 데에 많은 시간을 보낸다. /
말하는 법을 가르치는 데에는 더 적은 (시간을), / 그리고 듣는 법을 가르치는 데에는 (시간을) 거의 보내지 않는다. // 그러나
사업에서 이런 기술들의 중요성은 / 본질적으로 반대이다.

QUESTION ② | ① 사업 분야에서는 의사소통 교육이 부족하다. ② 사업에서 말하기와 듣기는 읽기보다 더 중요한 기술이다.
해설 | 말하는 법과 듣는 법을 가르치는 시간에 비해 훨씬 더 많은 시간을 읽는 법을 가르치는 데 쓴다는 앞의 진술과 반대되는 내용이어야 하므로 ②가 적절하다.

✔ 〈spend+시간[돈]+in v-ing (v하는 데 시간[돈]을 쓰다)〉의 구조에서 spend 이하에 〈시간+in v-ing(teaching)〉 세 개가 and로 병렬 연결되었다. less와 hardly any 다음의 ∨ 자리에는 각각 time이 생략되었다.
✔ but에 의해 두 개의 절(We spend ~ listen, the importance ~ reversed)이 병렬 연결되었다.

271 Mediation **parallels advocacy**//in so far as it tends to involve a process of negotiation,/ but differs//in so far as mediation involves adopting a neutral role (between two opposing parties)/ rather than supporting the case of one party against another. — 수능응용

중재는 옹호와 유사하다 // 그것이 협상 과정을 수반하는 경향이 있는 한,
/ 그러나 (옹호와는) 다르다 // 중재가 중립적인 역할을 취하는 것을 수반하는 한
(서로 대립하는 두 당사자들 사이에서) / 다른 편에 적대하여 한쪽 편의 입장을 지지하기보다는.

QUESTION parallels

✔ 두 개의 동사구인 parallels ~ of negotiation과 differs 이하가 but으로 병렬 연결되었으며, 두 번째 동사구 내에서 rather than(~보다는)으로 병렬 연결된 두 개의 동명사구 adopting ~ opposing parties와 supporting ~ another가 involves의 목적어로 쓰였다.
✔ in so[as] far as: ~하는 한
✔ A rather than B: B라기보다는 A

272 Marketing focuses on the needs of the consumer,/ ultimately benefiting the seller as well. When a product or service is truly marketed,// **the needs of the consumer are considered**/**from the very beginning of the new product development process,**/ and **the product-service mix is designed**/**to meet the unsatisfied needs of the consuming public.** — 모의

마케팅은 소비자의 요구에 초점을 맞추고, / 궁극적으로 판매자에게도 이익이 된다.
제품이나 서비스가 진정으로 마케팅될 때, // 소비자의 요구가
고려된다 / 신제품 개발 과정의 아주 초기에서부터, /
그리고 제품과 서비스의 결합이 기획된다 / 소비하는 대중의 충족되지 않은 요구에 부응하기 위해.

✔ and에 의해 두 개의 절(the needs ~ process, the product-service ~ public)이 병렬 연결되었다.

UNIT 27 등위접속사가 여러 개인 문장

273 What culture does is/∨ **take what is available in the physical** and **human environment,**/**interpret it socially** and **fill it with socially shared meaning and feeling.** — 사관학교

문화가 하는 일은 ~이다 / 물리적 환경과 인간(사회)의 환경에서 이용 가능한 것을 가져오는 것
/ 그것을 사회적으로 해석하는 것 / 그리고 사회적으로 공유된 의미와 감정으로 채우는 것(이다).

QUESTION take what ~ environment, interpret it socially, fill it with socially shared meaning and feeling

✔ 주어가 what이 이끄는 관계사절이고 관계사절 내의 동사가 do일 경우(What culture does), 주격보어로 온 to부정사의 to는 생략 가능하므로 take로 쓰였다.
✔ interpret과 fill 다음의 it은 모두 앞에서 언급한 what is available in the physical and human environment를 가리킨다.

274 There are many medications [that are **safe** and **effective** when ∨ **taken alone,**/ but **ineffective** or **counterproductive** when ∨ **taken in combination with something else**].

약물이 많이 있다 [단독으로 복용될 때는 안전하고 효과적인, / 그러나
다른 것과 함께 복용될 때는 효과가 없거나 역효과를 낳는].
↳ 단독으로 복용할 때는 안전하고 효과적이지만, 다른 것과 함께 복용하면 효과가 없거나 역효과를 낳는 약물이 많이 있다.

QUESTION safe and effective when taken alone, ineffective or counterproductive ~ something else

해설 | but으로 관계대명사절 be동사 뒤의 주격보어인 safe and effective ~ alone과 ineffective or counterproductive 이하가 병렬 연결되었다. 각각의 주격보어 뒤에 when 이하의 부사절이 포함된 구조이다.

✔ 각각의 보어에서 and로 형용사 safe와 effective가, or로 형용사 ineffective와 counterproductive가 병렬 연결되었다.

✔ when과 taken 사이(∨)에는 모두 they(=medications) are가 생략되었다.

---

275 Time pressure leads to frustration, // and when we are frustrated or experience other negative emotions, / our thinking becomes narrower and less creative. – 모의

시간적 압박은 좌절감으로 이어지며, // 우리가 좌절감을 느끼거나
다른 부정적 감정을 경험할 때, / 우리의 사고는 더 편협해지고 창의력이 더 떨어지게 된다.

✔ 첫 번째 and로 절(Time ~ frustration)과 절(when ~ creative)이 병렬 연결되었다. when절의 or은 are frustrated와 experience ~ emotions를, 뒤의 and는 narrower와 less creative를 병렬 연결한다.

✔ **become이 만드는 빈출 문형**

SVC	~이 되다	The singer was **becoming** popular after her successful concert. (그 가수는 성공적인 콘서트 후에 유명**해지고 있었다.**) Fine dust **became** a major problem recently. (미세 먼지는 최근 중요한 문제**가 되었다.**)
SVO	~에게 어울리다	Your new suit really **becomes** you. (네 새로운 정장이 너**에게** 정말 잘 **어울린다.**)

---

276 If we **trivialize art** and remove it from the core of a mainstream education, // we not only deny our students full access (to one of humankind's most profound experiences), / but miss countless opportunities (to understand the important role [art plays in culture]). – 모의응용

우리가 미술을 하찮게 여기고 그것을 주류 교육의 핵심에서 없앤다면, // 우리는
우리 학생들에게 전면적인 접근을 허용하지 않을 뿐만 아니라 (인류의 가장 심오한 경험 중 하나로의),
/ 무수한 기회 또한 놓친다 ([미술이 문화에서 하는] 중요한 역할을 이해할).

✔ if 조건절에서는 and에 의해 동사구 trivialize art와 remove ~ education이 병렬 연결되었다.

✔ 주절에서는 〈not only A but (also) B (A뿐만 아니라 B도)〉의 A와 B의 자리에 동사구 deny ~ experiences와 miss ~ culture가 병렬 연결되었다.

---

277 What liberals believe // is that the fundamental problem originates in society, / not in the offenders themselves, / and that the best strategy (for preventing violent crime) / is to eliminate poverty and inequality / by creating jobs and providing social services.

자유주의자들이 믿는 것은 // 근본적인 문제가 사회에서 비롯된다는 것이다. /
범죄자들 자체에서가 아니라, / 그리고 (폭력 범죄를 예방하기 위한) 가장 좋은 전략은
/ 가난과 불평등을 없애는 것이라는 (것이다) / 직업을 창출하고 사회 복지를 제공함으로써.

✔ 첫 번째 and로 주격보어 역할을 하는 that절 두 개(that the fundamental ~ themselves와 that the best strategy ~ social services)가 병렬 연결되었다.

✔ 두 번째 and로 명사 poverty와 inequality가, 세 번째 and로 by의 목적어인 동명사구 creating jobs와 providing social services가 병렬 연결되었다.

278 Although it's not uncommon / **for women to play sports** / and **for men to become nurses**, // society still has some pretty clear definitions (of **what men** and **women should do**, // **how they should handle situations**, // and **what responsibilities they should take care of**).

비록 (~이) 드물지 않지만 / 여성이 스포츠를 하고 / 남성이 간호사가 되는 것이,
// 사회는 여전히 어느 정도의 꽤 명확한 정의를 가지고 있다 (남성과 여성이
무엇을 해야 하는지, // 그들이 상황에 어떻게 대처해야 하는지, // 그리고 그들이 어떤 책임을
맡아야 하는지에 대한).
↳ 여성이 스포츠를 하고 남성이 간호사가 되는 것이 드문 일은 아니지만, 그래도 사회는 남성과 여성의 역할, 상황 대처, 책임 등에 대해 어느
정도 명확한 정의를 여전히 가지고 있다.

✔ Although 다음의 it은 뒤에 이어지는 to부정사구를 대신하는 가주어이다. 여기서 〈의미상 주어(for+목적격)+to-v〉 부분이 and로 병렬
연결되었다.
✔ what, how, what이 이끄는 의문사절 세 개가 and로 병렬 연결되어, 전치사 of의 목적어 역할을 하고 있다. of 이하는 definitions와 동격
관계이다.

279 Joseph Schumpeter, (an influential economist), expressed the view [that the essence of capitalism is the process of "creative destruction"] / — the perpetual cycle (of **destroying the old** and **less efficient product** or **service** / and **replacing it with new, more efficient ones**. — 사관학교

(영향력 있는 경제학자인), 조지프 슘페터는 견해를 밝혔다
[자본주의의 본질은 '창조적 파괴'의 과정이라는] / 즉, 영구적인 순환인
(오래되고 덜 효율적인 상품이나 서비스를 파괴하고
/ 그것을 새롭고 더 효율적인 상품이나 서비스로 대체하는).

✔ 두 번째 and로 동명사 destroying ~ service와 replacing ~ ones가 병렬 연결되어, 전치사 of의 목적어 역할을 하고 있다. 여기서
첫 번째 and the old (product or service)와 less efficient product or service를 연결한다. or는 product와 service를 연결한다.
F·Y·I 조지프 슘페터: 케인스와 함께 20세기의 대표적인 경제학자로 꼽힌다. 그는 호황과 불황을 반복하면서 발전하는 자본주의 경제를
바라보며, 그 원천이 무엇인지 고민했다. 그는 경제 발전은 외부 환경의 변화에 의한 순응과 수용이 아니라, 기업가의 혁신, 즉 생산 요소의
새로운 결합이 경제 발전을 자극하는 원천이라고 강조했다.

280 Everyone has stress in their lives. Sometimes emotional reactions (to **perceived** or **actual challenges, demands, threats** or **changes**) / **are helpful**, / and **give you the rush of adrenaline** [you need ● / **to get somewhere on time** or ∨ **motivate yourself to get things done**].

모든 사람은 삶에서 스트레스를 받는다. 때때로 감정적인 반응이 (인지되거나
실제적인 도전, 요구, 위협 또는 변화에 대한) / 도움이 된다, / 그리고 여러분에게
아드레날린의 급증을 제공한다 [여러분이 필요로 하는 / 제시간에 진전을 보기 위해 또는 일을 완수하도록 여러분에게 동기를 부여하기 위해].

✔ 주어 emotional reactions를 수식하는 to 전명구에서 첫 번째 or는 형용사 perceived와 actual을, 두 번째 or는 명사 (perceived or
actual) challenges, demands, threats, changes를 병렬 연결한다.
✔ 술부인 are helpful과 give 이하가 and로 병렬 연결되었다.
✔ adrenaline을 수식하는 목적격 관계사절 내에 목적을 나타내는 to부정사구 to get ~ time과 (to) motivate ~ done이 or로 병렬 연결되
었다. ∨ 부분에는 반복되는 to부정사의 to가 생략되었다.

281 When your attention is $\boxed{\text{not}}$ on the present moment / $\boxed{\text{but}}$ (on) something else, // you will tend to compare even good experiences with others, / $\boxed{\text{or}}$ you will wonder about future experiences / instead of enjoying the present one, / $\boxed{\text{and}}$ regret past experiences / because they are already over. —수능응용

당신의 관심이 현재의 순간에 있지 않고 / 무언가 다른 것에 있을 때, //
당신은 좋은 경험까지도 다른 경험과 비교하는 경향이 있을 것이다. / 또는
미래의 경험에 관해 궁금해할 것이다 / 현재의 경험을 즐기는 대신에, / 그리고
과거의 경험을 후회할 것이다 / 그것들이 이미 끝났기 때문에.

QUESTION regret

해설| 두 개의 주절이 or로 병렬 연결되며, or 뒤인 두 번째 주절 안에서 will에 연결되는 동사구 두 개(wonder ~ one, regret ~ over)가 and로 병렬 연결되는 구조이다. 따라서 조동사 will에 이어질 수 있는 동사원형 regret이 적절하다. 문맥상 instead of의 목적어로 쓰인 동명사구 enjoying 이하와 병렬구조를 이루는 것이 아님에 주의한다.

✔ 〈not A but B (A가 아니라 B)〉의 구조에서 A와 B의 자리에 전명구 두 개(on the present moment, on something else)가 병렬 연결되었다. 두 번째 on은 생략 가능하다.

282 Overly positive assumptions can lead to disastrous miscalculations (— make us less likely to get health check-ups $\boxed{\text{or}}$ wear a cycle helmet, / $\boxed{\text{and}}$ more likely to commit all of our money to a bad investment —) // $\boxed{\text{but}}$ mild optimism protects $\boxed{\text{and}}$ inspires us: // it keeps us moving forward / rather than backward.

과도하게 긍정적인 가정은 형편없는 잘못된 판단으로 이어질 수 있다
(우리가 건강 검진을 받거나 자전거 헬멧을 착용할 가능성을 낮추는, / 그리고
손해나는 투자에 모든 돈을 쓰게 할 가능성을 높이는) // 그러나 적당한 낙관주의는
우리를 보호하고 격려한다 // 그것은 우리가 계속 앞으로 나아가게 한다 / 뒷걸음질하기보다는.

SUMMARY moderate | 낙관주의를 적당하게 유지하는 것이 긍정적인 결과를 만들어낸다.

✔ 두 개의 절(Overly ~ investment, mild ~ backward)이 but으로 병렬 연결된 구조이다.
✔ 삽입절에서 make의 목적격보어 less likely ~ helmet과 more likely ~ investment가 and로 병렬 연결되었다.

```
~ — make us ┌ less likely to ┌ get health checkups
            │                │ or
            │                └ wear a cycle helmet,
            │ and
            └ more likely to commit ~ investment
```

UNIT
2 8 등위접속사 뒤의 삽입어구에 주의하라

283 It became more common / for artists **to determine individually the appearance and content of their own work,** / $\boxed{\text{and}}$, (in their search for new forms of self-expression), **to make art [that was often very controversial].** —사관학교응용

(~이) 더 흔해졌다 / 예술가들이 자기 작품의 외형과 내용을 개별적으로 결정하는 것이,
/ 그리고 (자기표현의 새로운 형태를 모색하는 과정에서),
[종종 매우 논란이 많은] 예술 작품을 만드는 것이.
↳ 예술가들이 작품 외형과 내용을 개별적으로 결정하고, 새로운 자기표현을 모색하며 논란이 많은 예술 작품을 만드는 것이 더 흔해졌다.

QUESTION to determine ~ of their own work, to make art that was often very controversial

✔ It은 뒤에 이어지는 to부정사구를 대신하는 가주어이다. 여기서 의미상 주어(for+목적격) 뒤에 진주어인 to부정사구 두 개(to determine ~ own work, to make ~ controversial)가 and로 병렬 연결되었다. and 뒤의 in their ~ self-expression은 삽입어구이다.

284 Organizations need to invest in data mining techniques / **to uncover hidden patterns,** / **discover new knowledge,** / and (as a consequence) **gain more insight into the current business situation.** – 사관학교응용

조직은 데이터 마이닝 기술에 투자해야 한다 / 숨겨진 패턴을 파악하고, /
새로운 지식을 발견하고, / (결과적으로) 현재 비즈니스 상황에 대한 더 많은 통찰력을 얻기 위해.

QUESTION to uncover hidden patterns, discover new knowledge, gain more insight into the current business situation

해설 | 목적을 나타내는 to부정사구(to uncover ~, discover ~, gain ~)가 병렬 연결되었다. discover, gain 앞의 to는 반복되어 생략되었으며, gain 앞에는 '~의 결과로서'라는 뜻의 as a consequence가 앞뒤에 콤마 없이 삽입된 형태이다.

285 **Money (when earned / doing something [you have a passion for]) / will always bring you happiness** and **joy,** // and (in more cases than not) **when someone has a passion in something /** and **there is a market for it / they become rich.**

돈은 (벌었을 때 / 어떤 일을 하면서 [당신이 열정을 가지고 있는]) / 항상
당신에게 행복과 기쁨을 가져다줄 것이다. // 그리고 (많은 경우) 어떤 사람이
어떤 일에 열정을 가지고 있을 때 / 그리고 그것에 대한 시장이 있을 (때) / 그들은 부자가 된다.

QUESTION Money ~ happiness and joy, when someone ~ they become rich

해설 | 두 번째 and로 두 개의 절(Money ~ joy, when ~ rich)이 병렬 연결되었다. 두 절을 연결하는 and 뒤의 in more cases than not은 삽입어구이다.

✔ 첫 번째 절에서 bring의 직접목적어인 happiness와 joy가 and로 연결되었다.

✔ 두 번째 절은 when이 이끄는 부사절과 주절로 이루어졌으며, 부사절에서 someone ~ something과 there ~ it이 and로 병렬 연결되었다.

286 If you take a closer look at your life, // you may be able to find your life purpose // — it could be as simple / as **raising a family, being a good friend,** or **emotionally encouraging others.**

삶을 더 자세히 들여다보면, // 여러분의 삶의 목적을 발견할 수 있을지도 모른다 //
그것은 단순할 수도 있다 / 가정을 꾸리거나, 좋은 친구가 되거나, 또는
다른 이들을 정서적으로 격려하는 것처럼.

✔ '~처럼'의 의미인 전치사 as의 목적어로 쓰인 세 개의 동명사구(raising a family, being a good friend, emotionally encouraging others)가 or로 병렬 연결되었다. or 뒤의 emotionally는 동명사 encouraging을 수식한다.

287 **Make sure / your wrists, forearms, and shoulders can stay relaxed / while you work,** // and, (this is important), / **keep in mind / that even if you sit in the correct position, / you'll still need to get up** and **stretch your body once in a while.**

반드시 ~하도록 해라 / 손목, 팔뚝, 어깨가 편안한 상태로 유지될 수 있도록 / 작업하는 동안,
// 그리고, (이것은 중요한데), / 명심해라 / 올바른 자세로 앉아 있어도,
/ 가끔 일어나서 몸을 스트레칭을 할 필요가 여전히 있다는 것을.

✔ 두 개의 명령문(Make ~ work, keep ~ while)이 and로 병렬 연결되었고, 두 번째 명령문 앞에 삽입절 this is important가 위치한 구조이다.

288 Deficiencies of innate ability / may be compensated for through persistent hard work and concentration. One might say // **that work substitutes for talent**, / or (better yet) **that it creates talent**. — 경찰대

타고난 능력의 부족은 / 지속적인 노력과 집중을 통해 보완될 수도 있다.
누군가는 말할지 모른다 // 노력이 재능을 대체한다고, / 또는 (더 좋게는)
그것이 재능을 만들어낸다고.

✔ might say의 목적어절 두 개(that work substitutes for talent, that it creates talent)가 or로 병렬 연결된 구조이고, better yet은 삽입어구이다.

289 Iron rusts from disuse; // water **loses its purity from stagnation** / and (in cold weather) **becomes frozen**; // even so does inaction / sap the vigor of the mind.
— Leonardo da Vinci

철은 사용하지 않으면 녹슨다 // 물은 고이면 탁해진다 / 그리고 (추운 날씨에)
얼어붙는다 // 나태함도 또한 (~한다) / 마음의 활력을 약화시킨다.

QUESTION inaction

해설| '~도 또한 그렇다'라는 의미의 〈so+V+S〉 구문이 쓰였으므로 앞과 같은 맥락의 내용이 이어지는 것이 알맞다. 철이 쓰이지 않는 것과 물이 흐르지 않는 것을 인간의 행동에 비유하면 활동하지 않는 것, 즉 나태함이라고 할 수 있다.

✔ water 뒤에 동사구 두 개(loses ~ stagnation, becomes frozen)가 and로 병렬 연결되었고, 두 번째 동사구 앞에 in cold weather가 삽입된 구조이다.

290 It will not do / to dismiss magic as nonsensical, // because **rationality is conditional** / **in that the information available affects what is rational**, / and (without modern science) **it was impossible** / **for people to know what worked and what did not**.

(~은) 적절하지 않을 것이다 / 마술을 터무니없다고 묵살하는 것은. // 왜냐하면 합리성은 조건적이기 때문이다 /
이용 가능한 정보가 무엇이 합리적인가에 영향을 미친다는 점에서, / 그리고 (현대 과학 없이)
(~은) 불가능했기 (때문이다) / 사람들이 무엇이 유효하고 무엇이 아닌지를 아는 것은.
↳ 마술을 터무니없다고 묵살하는 것은 적절하지 않은데, 그 이유는 사람들이 이용할 수 있는 정보에 따라 합리성이 달라질 수 있으며, 현대 과학 없이는 무엇이 유효하고 무엇이 아닌지를 아는 것은 불가능했기 때문이다.

✔ because가 이끄는 절 내에 두 개의 절(rationality ~ rational, it ~ not)이 and로 병렬 연결되었다. 두 번째 절 앞에 without 전명구가 삽입되었다.

✔ 여기에서 문장의 동사 do는 '적절하다'의 의미이다.
cf. Your dress won't **do** for the meeting. (당신의 드레스는 그 회의에 **적절하지** 않을 거예요.)

✔ 두 개의 it은 모두 가주어로, 첫 번째 It은 to dismiss ~ nonsensical이 진주어이고, 두 번째 it은 to know ~ did not이 진주어로 앞의 for people이 의미상 주어이다.

291 In our day to day life / we often come across some people [who outwardly **behave like friends** / but (at difficult times of life) **play a passive role** / or **slowly disappear**].

우리의 일상생활에서 / 우리는 몇몇 사람들을 자주 우연히 마주친다 [겉으로는 친구처럼 행동하는
/ 그러나 (인생의 어려운 시기에) 수동적인 역할을 하거나 / 서서히 사라지는].

QUESTION play

해설| some people을 선행사로 하는 관계사절 내에서 behave ~ 와 but으로 병렬 연결된 관계사절 내 동사 자리로, 복수동사인 play가 적절하다.

✔ who 관계사절 내 두 개의 동사구(behave ~ friends, play ~ disappear)가 but으로 병렬 연결되었고, but 다음에 부사 역할의 삽입어구 (at difficult times of life)가 위치한 구조이다. 두 번째 동사구에서 or로 play a passive role과 slowly disappear가 병렬 연결되었다.

292 My parents having had a cup of green tea after every meal, / I **grew up on tea**, / and (though I found it bitter at first) **came to enjoy it for its taste** and **health benefits**.

부모님이 매번 식사 후에 녹차를 마셨기 때문에, / 나는 차를 마시며 자랐다, / 그리고 (처음에는 맛이 쓰다고 생각했지만) 맛과 건강상의 이점 때문에 그것을 즐기게 되었다.

✔ My parents having had a cup of green tea after every meal은 분사구문의 의미상 주어와 문장의 주어가 달라 의미상 주어(My parents)를 분사 앞에 썼으며, 주절의 시제보다 앞선 시점의 일을 나타내는 완료형(having p.p.) 분사구문이다.
(= **As my parents had had** a cup of green tea after every meal, I grew up ~.)
✔ 주절의 동사구 두 개(grew up on tea, came ~ benefits)가 and로 병렬 연결되었고, 양보절 though ~ first가 삽입되었다.

293 **Does Western culture always extinguish a local culture [that buys into a Western way of doing things]** / or (on the other hand) **do the myriad pockets of local cultures around the world** / simultaneously **receive** and **transform the Western commodities** and **styles** / in a way [that resists total homogenization]?

서구 문화가 항상 지역 문화를 소멸시키는가 [서양이 하는 방식을 받아들이는]
/ 혹은 (반대로) 전 세계의 지역 문화의 무수한 집단이
/ 서양의 상품과 스타일을 동시에 받아들이면서 변형시키는가
/ 방식으로 [총체적 동질화에 저항하는]?

FILL-IN ②

해설 | 첫 번째 문장이 총체적 동질화(지역 문화가 소멸되고 서양화됨)에 대한 내용이고, or로 연결된 두 번째 문장은 on the other hand가 사용되어 앞과 대조되는 '받아들이면서 변형시키는(receive and transform)'내용이다. 이는 전체적 수용인 총체적 동질화에 반하는 방식이므로 빈칸에는 resists(저항하는)가 적절하다.

✔ Does와 do로 시작하는 두 개의 의문문이 or로 병렬 연결되었고, or 다음에 연결어 on the other hand가 삽입된 구조이다.
✔ 첫 번째 and로 receive와 transform이 병렬 연결되어 the Western commodities and styles를 공통 목적어로 갖는다. 두 번째 and로는 transform의 목적어인 the Western commodities와 the Western styles가 연결되었다.

UNIT.
29 비교구문

294 If a drop of water were magnified / to the size of the world, // the atoms in it / would be about **as large as** baseballs.

만약 물 한 방울이 확대된다면 / 지구의 크기로, // 그 안에 있는 원자들은 /
대략 야구공만 한 크기가 될 텐데.

> **QUESTION ▶ as**
> 해설 | 원급 표현 〈A as 형용사/부사 as B〉는 'A는 B만큼 ~한[하게]'의 의미를 나타내므로, '야구공만큼 큰(야구공 크기의)'의 의미를 나타내기 위해 빈칸에 as를 쓰는 것이 적절하다.
>
> ✔ 현재나 미래에 실현 가능성이 매우 희박한 일을 가정·상상하는 〈If+S′+동사의 과거형, S+조동사 과거형+동사원형〉 형태의 가정법 과거 구문으로 '만약 ~라면 …할 텐데'의 의미를 나타낸다.
> ✔ 가정법 과거의 조건절의 be동사는 인칭과 수에 관계없이 were가 원칙이다. 다만, 구어체에서는 was가 쓰이기도 한다.

295 For those [who need only a few items], / it is **far more reasonable** / to pull up to a highly streamlined convenience store / **than** to run to a supermarket.

[물품 두세 개만 필요한] 사람들은 / (~이) 훨씬 더 합리적이다 / 차를 세우는 것이
매우 간소화 된 편의점에 / 슈퍼마켓으로 달려가는 것보다.

> **QUESTION ▶ than**
> 해설 | 앞에 비교급 for more reasonable이 있는 것으로 보아, 'A는 B보다 더 ~한[인]'의 의미를 나타내는 비교급 표현 〈A 비교급 ~ than B〉임을 알 수 있다. 따라서 비교 대상인 to run to a supermarket 앞에 than을 쓰는 것이 적절하다.
>
> ✔ it은 가주어이고, to pull up ~ convenience store가 진주어이다.
> ✔ far은 비교급을 수식하는 부사로 '훨씬'의 의미를 갖는다.

296 Water is **the most essential resource** / for economic growth, sustainable development or the alleviation of poverty worldwide / of all the resources.
  = **No** other resource is **so essential** / for ~ worldwide / **as** water is.
  = **No** other resource is **more essential** / for ~ worldwide / **than** water is.
  = Water is **more essential** / for ~ worldwide / **than any other** resource.

물은 가장 필수적인 자원이다 / 전 세계적인 경제 성장, 지속 가능한
개발, 또는 빈곤 완화에 / 모든 자원 중에서.
= 다른 어떤 자원도 ~만큼 필수적이지 않다 / ~ / 물만큼.
= 다른 어떤 자원도 ~보다 필수적이지 않다 / ~ / 물보다.
= 물은 더 필수적이다 / ~ / 다른 어떤 자원보다.

> **QUESTION ▶ more essential, than any other**
> 해설 | 빈칸이 있는 첫 번째 문장은 부정어로 시작하고 뒤에 than이 있으므로 〈부정어 ~ 비교급+than A〉로 최상급의 의미를 나타내기 위해 비교급 more essential을 쓴다. 빈칸이 있는 두 번째 문장은 〈A 비교급+than any other〉로 최상급의 의미를 나타내는 것이 적절하므로 resource 앞에 than any other를 쓴다.
>
> ✔ 비교구문의 as와 than 뒤에서는 선택적으로 도치가 일어날 수 있으며, 주로 문어체에서 나타난다.
>   = No other resource is so essential ~ **as is water**.
>
> **F·Y·I** 지속 가능한 개발(sustainable development): 진정한 성장은 환경 보전과 병행해서 이루어지며 장기적으로 환경·자연 자원을 보호하는 것이 뒷받침될 때 경제 성장도 가능하다는 견해이다. 즉, 인간의 기본 욕구 충족을 위해 경제 개발을 할 때 생태계의 수용 능력인 환경 용량을 초과해서는 안 되며, 생활 수준만이 아닌 삶의 질에도 관심을 기울이고, 환경과 경제를 통합적 차원에서 다루어야 한다는 것이다.

297　Exclusivity in problem solving, even with a genius, / is **not as effective as** inclusivity, // where everyone's ideas are heard / and a solution is developed through collaboration.

– 모의응용

문제 해결에 있어서 배타성(남을 배척하는 것)은, 심지어 천재에게도, / 포용성만큼 효과적이지 않은데, //
(포용성이 있는 경우에는) 모든 사람의 생각이 들리고 / 해결책은 협력을 통해 개발된다.
　↳ 천재라고 할지라도, 문제 해결에 있어서 다른 사람들을 배타적으로 대하는 것은 그들을 포용하는 것만큼 효과적이지 않은데, 포용성으로
　　모든 생각을 듣고 협력하며 해결책을 개발할 수 있기 때문이다.

✔ A not as[so] ~ as B: A는 B만큼 ~하지 않은
✔ 여기서 콤마 이후의 관계부사 where는 '그런데 그 경우에는'이라는 〈접속사+부사〉의 의미를 나타낸다. 바로 앞의 inclusivity(포용성)를
　보충 설명하고 있다.

298　Yawning may be one of the most important mechanisms / for regulating survival-related behavior in mammals. So if you want to stay alert and active, // yawn **as many times a day as possible** // — especially when you're confronting a difficult problem at work // and when you feel anger, anxiety or stress. – 모의응용

하품은 가장 중요한 기제 가운데 하나일지도 모른다 /
포유류의 생존과 관련된 행동을 조절하는. 따라서 정신을 차리고 활동적인 상태이고 싶다면, //
하루 중 가능한 한 여러 차례 하품하라 // 특히 업무상 어려운 문제에 직면할 때
// 그리고 분노, 불안, 또는 스트레스를 느낄 때.

✔ as ~ as possible (= as ~ as+S'+can): 가능한 한 ~한[하게]
　= So if you want to stay alert and active, yawn **as many times** a day **as you can** ~.

299　There is gravity on the moon, // but the gravitational force is **much weaker** / **than** the earth's. Thus, objects (on the moon) weigh **one-sixth as much** // **as** they do on the

= the objects weigh

earth. – 모의응용

달에는 중력이 있다. // 그러나 그 중력은 훨씬 더 약하다 / 지구의 것보다.
그래서, 물체는 (달에서) 1/6만큼의 무게가 나간다 // 지구에서 무게가 나가는 것만큼의.
　↳ 달에서 물체는 지구의 1/6만 무게가 나간다.

✔ A 배수사(half, twice, three times, 분수 등)+as ~ as B: A는 B보다 몇 배 ~한
✔ = ~. Thus, objects on the earth weigh **six times as much as** they do on the moon.
　= ~. Thus, objects on the earth weigh **six times more than** they do on the moon.

300　**The less willing** you are to share your problems / with loved ones and friends, // **the more** those problems will come to overwhelm you.

당신이 당신의 문제들을 말하려고 하지 않을수록 / 사랑하는 사람들 및 친구들에게, //
그 문제들은 당신을 더욱 압도하게 될 것이다.

✔ the+비교급 ~, the+비교급 ...: ~하면 할수록 더욱 …하다
✔ The less you are willing to share ~에서 The less가 수식하는 willing이 앞으로 나온 형태이다.

301　Certainly / it should be clear // that **the more** science we possess, / **the more** philosophy we need, / because **the more** power we have, / **the more** direction we need.

확실히 / (~은) 분명할 것이다 // 우리가 과학 (지식)을 더 많이 가질수록, /
우리에게 더 많은 철학이 필요하다는 것은, / 왜냐하면 우리가 더 많은 힘을 가질수록, / 우리는 더 많은 길잡이가 필요하기 때문이다.

✔ it은 가주어이고, that the more science ~ philosophy we need가 진주어이다. 진주어인 that절과 because가 이끄는 부사절에
　〈the+비교급 ~, the+비교급 ...〉 구문이 쓰였다.
✔ 여기서 should는 추측의 의미를 나타낸다.

302 If you are not exposed to many types of books, // you will not develop a true appreciation for reading, / **much less** the skills (necessary to become a great writer).

많은 종류의 글에 노출되지 않는다면 // 진정한 독서 감상을 발전시키지 않게 될 것이다
/ 기술은 말할 것도 없이 (훌륭한 작가가 되기 위해 필요).

✔ 부정문, much[still, even] less: ~은커녕, (~이 아님은) 말할 것도 없이 (= let alone)

303 Erik Erikson, (well-known for his psychosocial development theory), emphasizes // that **no** factor is **as important as** trust / in the child's developing personality. According to him, / basic trust involves having the courage (to let go of the familiar | and | take a step toward the unknown). – 수능응용

에릭 에릭슨은, (그의 심리 사회적 발달 이론으로 잘 알려진), 강조한다 //
어떤 요소도 신뢰만큼 중요하지 않다고 / 아동의 발달하는 성격에서. 그에 의하면,
/ 기본적인 신뢰는 용기를 갖는 것을 포함한다 (친숙한 것을 버리고 낯선 것을 향해 한 걸음 앞으로 나아가는).

FILL-IN ①
해설 | 뒤에 이어지는 take a step toward the unknown과 호응하는 내용이 와야 하므로 친숙한 것을 '버리다'의 의미인 let go of(버리다, 놓다)가 적절하다.

✔ to let go of the familiar와 (to) take a step toward the unknown은 and로 병렬 연결되어 the courage를 수식한다.

304 Except for nuclear war or a collision with an asteroid, / **no** force has **more** potential (to damage our planet's web of life) / **than** global warming.

핵전쟁 또는 소행성과의 충돌을 제외하고, / 그 어떤 힘도 더 많은 가능성이 있지 않다
(우리 행성의 생물망을 해칠) / 지구 온난화보다.
↳ 핵전쟁 또는 소행성과의 충돌을 제외하고, 모든 힘 중에 지구 생물망을 파괴할 가능성이 가장 많은 것은 지구 온난화이다.

SUMMARY disastrous | 지구 온난화는 지구 생물체에 가장 파괴적인 것이 될 수 있다.

U N I T
3 0

as ~, than ~ 이하의 반복어구 생략

305 As a source of exchange, innovation and creativity, / cultural diversity is **as necessary** for humankind // **as** biodiversity is ✔ for nature.

교류, 혁신, 그리고 창조성의 원천으로서, / 문화적 다양성은 인류에게 필수적이다
// 생물 다양성이 자연에 그런(필수적인) 만큼.

QUESTION ✔ 표시는 위의 구문해설 참고. 생략된 것은 necessary이다.
해설 | 〈as+형용사[부사]+as〉에서 두 번째 as 이하의 어구는 비교 대상으로, 앞에 나온 〈as+형용사[부사]〉가 '어느 정도, 얼마만큼'인지 나타낸다. 이때, 두 번째 as 이하에서는 반복되는 어구가 주로 생략된다. 여기서는 의미상 biodiversity is 다음에 necessary가 생략되었다.

F·Y·I 생물 다양성(biodiversity): 지구 각지의 자연계에 존재하는 생물의 다양성을 말한다. 이것은 생명의 궁극적인 원천이며 인간과 생태계 등의 생명 부양 시스템을 유지하는 필수적인 자원이다. 또한 생물 다양성의 보존은 자연 보호, 자원 관리 측면에서도 중요하다.

306 Unsurprisingly, / people [who used the internet daily] were **much more likely** / **than** those (classified as 'light users') ✔ / to feel informed about international news.

놀랄 것도 없이, / [매일 인터넷을 사용한] 사람들이 가능성이 훨씬 더 높았다 /
('가벼운 사용자'로 분류된) 사람들(이 가능성이 높은 것)보다 / 국제 뉴스에 대해 잘 알고 있다고 느낄.

QUESTION ✔ 표시는 위의 구문해설 참고. 생략된 것은 were likely이다.

✔ = ~ people who ~ daily **were** much more **likely** *to feel informed ~ news* / than those classified as 'light users' **were** **likely** *to feel informed ~*.

307 In the language of dance, / connecting steps are **as important** to ballet // **as** pronouns and prepositions are ✔ to a sentence. Without them, / all [you are left with] / is a series of poses, / not a sequence of movement.

춤의 표현에서, / 연결하는 스텝들은 발레에서 중요하다 // 대명사와
전치사가 문장에서 그런(중요한) 만큼. 그것들이 없으면, / [당신에게 남는] 전부는 / 일련의
포즈이다, / 동작의 연속이 아닌.

✔ ✔ 자리에는 반복되는 important가 생략되었다.

308 Companies [that change constantly but ∨ without any consistent rationale] / will collapse just **as surely** / **as** those [that change not at all] ✔. – 모의

기업은 [끊임없이 변화하지만 일관된 원리 없이 (변화하는)] /
확실히 붕괴할 것이다 / 기업만큼이나 [전혀 변화하지 않는].

QUESTION surely
해설 | 문맥상 원급 부분이 동사인 will collapse를 수식하므로 부사 surely가 적절하다.

✔ ∨ 자리에는 문맥상 change가 생략되었다.
✔ 여기서 those는 companies를 가리킨다.
✔ ✔ 자리에는 반복되는 어구인 will collapse가 생략되었다.

309 Britain was attached to Europe during the last Ice Age / and remains close to Europe, // and consequently its isolation is **not as profound** / **as** that of New Zealand ✔, / which is a considerable distance / from the nearest continent.

영국은 마지막 빙하기 동안 유럽에 붙어 있었다 / 그리고 유럽 가까이에 남아 있다. //
그래서 그 결과 영국의 고립은 심각하지 않다 / 뉴질랜드의 고립만큼이나. /
(왜냐하면) 뉴질랜드는 거리가 상당하다 / 가장 가까운 대륙에서.

QUESTION the isolation

✔ not as[so] ~ as ...: …만큼 ~하지는 않다
✔ ✔ 자리에는 반복되는 어구인 is profound가 생략되었다.
✔ which의 선행사는 New Zealand로서, 문맥상 which가 이끄는 절은 앞 내용에 대한 '이유'를 보충 설명한다.

310 When a person lies, // their responses will come more slowly / because the brain needs **more** time / to process the details of a new invention / **than** ✔ to recall stored facts.

– 모의응용

한 사람이 거짓말을 하면, // 반응은 더 느리게 나올 것이다 / 뇌가
더 많은 시간을 필요로 하기 때문에 / 새로 지어낸 이야기의 세부 내용을 처리하는 데 / 저장된 사실을 기억해내는 것보다.

✔ ✔ 자리에는 반복되는 어구인 the brain needs time이 생략되었다.

311 You can make **more** friends in two months / by becoming interested in other people //
than you can ✔ in two years / by trying to get other people interested in you.

–Dale Carnegie ((美 작가))

당신은 두 달 만에 더 많은 친구를 사귈 수 있다 / 다른 사람들에게 관심을 갖게 됨으로써 //
당신이 2년 만에 친구를 사귈 수 있는 것보다 / 다른 사람들이 당신에게 관심을 갖도록 노력함으로써.

SUMMARY effective | 다른 사람들에게 관심을 보이는 것은 친구를 사귀는 <u>효과적인</u> 방법이다.

✔ ✔ 자리에는 반복되는 make friends가 생략되었다.

---

312 Anger is an acid [that can do **more** harm to the vessel [in which it is stored] / **than** ✔
to anything [on which it is poured]]. –Mark Twain ((美 소설가))

분노는 산(酸)이다 [[그것이 보관되는] 용기에 더 많은 해를 끼칠 수 있는 /
[그것이 쏟아부어지는] 어떠한 대상보다].
↳ 분노는 산(酸)과 같아서, 그것을 쏟아붓는 대상에게보다 그것을 담아두는 사람에게 더 많은 해를 끼칠 수 있다.

✔ ✔ 자리에는 반복되는 it(= acid) can do harm이 생략되었다.

---

313 Greenwashing is the activity [that makes people believe / that a company is doing
more to protect the environment / **than** it really is ✔ / by taking an existing product
and spinning its environmentally-friendly virtues // even if there are none].

그린워싱(위장환경주의)은 활동이다 [사람들이 믿게 만드는 / 기업이
환경을 보호하기 위해 더 행동하고 있다고 / 그것(기업)이 실제로 그러는 것보다 / 기존의 제품을 가져다가
그것의 환경친화적 가치를 그럴듯하게 제시함으로써 // 비록 그것(환경친화적 가치)이 없음에도 불구하고.

✔ 선행사 the activity를 수식하는 that 이하의 관계사절이 문장 끝까지 이어진다.
✔ ✔ 자리에는 doing to protect the environment가 생략되었다.

F·Y·I 그린워싱(Greenwashing): 환경을 의미하는 green(녹색)과 눈속임을 의미하는 white washing(화이트 워싱)의 합성어로, 기업
활동이 실제로는 친환경적이지 않거나 오히려 환경에 악영향을 끼치면서도 마치 기업 윤리와 제품들이 친환경인 것처럼 홍보하는 경우를
비판하는 용어이다. 제품 생산 과정에서 발생하는 대량의 오염은 숨기고 일부 재활용 프로세스만 강조하는 경우도 해당된다.

---

314 While most newspapers are discarded after a day, / magazines can be kept for months,
and are often widely shared, // which means / that ads in magazines stand **a better
chance** / **than** newspaper ads ✔ (of being seen and remembered).

대부분의 신문이 하루가 지나면 폐기되는 반면에, / 잡지는 몇 달 동안 보관될 수 있고,
종종 널리 공유되기도 한다, // (그리고) 그것은 의미한다 / 잡지 속 광고가 가능성이 더 있다는 것을
/ 신문 광고보다 (보이고 기억될).

✔ which 이하는 앞 절 전체(While most ~ widely shared)를 보충 설명한다.
✔ chance와 동격을 이루는 of 뒤의 being ~ remembered가 비교 대상인 newspaper ads의 뒤로 갔다.
✔ ✔ 자리에는 stand a chance가 생략되었다.

315 There are people [who are knowledgeable about mundane things /— plumbing, carpentry, or baseball, for example —] // but intellectuals [who possess lots of knowledge about academic topics] / tend to be more commonly called "knowledgeable."

사람들이 있다 [일상적인 것을 많이 아는 /
예를 들어, 배관, 목공, 또는 야구] // 그러나 지식인들이
[학문적인 주제에 관한 많은 지식을 소유한] / 더 흔히 '아는 것이 많다'고 불리는 경향이 있다.

> QUESTION **than people who are knowledgeable about mundane things**
해설 | 문맥상 앞에서 밝혀진 지식인들과 '일상적인 것을 많이 아는 사람들'을 비교하는 것이므로 than 이하의 비교 대상이 생략되었다.

316 From now on, / telecommuting or self-study will be **more common** in our lifestyle. Remaining energized and motivated can be **more challenging** / without a support system, // but it can be achieved with planning and disciplined action.

이제부터, / 재택근무나 독학이 우리의 생활 방식에서 더 흔해질 것이다.
활력과 의욕을 유지하는 것은 더 어려울 수 있다 / 지원 시스템 없이,
// 하지만 그것(활력과 의욕을 유지하는 것)은 계획과 통제가 잘 된 행동으로 성취될 수 있다.

> QUESTION **than it can be challenging with a support system**

✔ 문맥상 첫 번째 문장의 more common 다음에는 than before 등이 생략되어, 미래를 현재 혹은 과거와 비교하는 내용이 생략된 것으로 볼 수 있다.
✔ 두 번째 문장에서 생략된 than 이하의 with a support system은 문장 내의 without a support system과 대조되며, 문맥상 명백하여 생략된 것으로 볼 수 있다.

317 Against the background of home schooling gaining in popularity, / many studies have shown // that students benefit **more** in a classroom setting / since the interaction with other students creates a stimulating learning environment. —사관학교응용

홈스쿨링이 인기를 얻고 있는 환경과 대조적으로, / 여러 연구가 밝혔다
// 학생들은 교실 환경에서 더 이득을 본다는 것을 / 왜냐하면 다른 학생들과의 교류가
자극을 주는 학습 환경을 조성하기 때문에.

✔ 전치사 of의 목적어는 동명사 gaining in popularity로, 앞의 home schooling이 의미상 주어이다.
✔ 문맥상 more in a classroom setting 다음에 앞에서 이미 밝혀진 내용인 than they benefit in a home school setting이 생략된 것으로 볼 수 있다.

318 Although the American is not comfortable with long periods of silence / in the conversation, // the Asian will take time to answer. This can carry over into the classroom, // as the English learner from other cultures / may be **slower** to answer for a multitude of reasons, / such as thinking of how to translate or cultural conversational style.

미국인은 오랜 침묵에 불편해하지만 /
대화 중에, // 아시아인은 대답하는 데 시간이 걸릴 것이다. 이것은 교실에서 이어질 수 있다.
// 다른 문화권에서 온 영어 학습자가 / 다수의 이유로 대답하는 데 더 느릴 수도 있기 때문에,
/ 어떻게 번역할지 생각하거나 문화적 대화 방식과 같은.

✔ 문맥상 slower to answer 다음에 앞에서 이미 밝혀진 내용인 than the American이 생략된 것으로 볼 수 있다.

319 We need **more effective** ways (to ensure // that every citizen can fully exercise the right (to secure private information)). – 수능

우리는 더욱 효과적인 방법이 필요하다 (보장하는 // 모든 시민이 (개인 정보를 지킬) 권리를 완전히 행사할 수 있음을).

✔ 문맥상 문장 맨 뒤에 '현재 우리가 가지고 있는 방법보다'라는 뜻의 than (we have) now 등의 어구가 생략되어 현재와 미래를 비교한다.

---

320 As you grow and become a **nicer** person, // your relationships should grow and improve as well, / and in the same proportion.

당신이 성장하여 더 나은 사람이 되어감에 따라. // 당신의 관계 또한 성장하고 발전할 것이다.
/ 같은 비율로.

✔ 문맥상 a nicer person 다음에 than you are (now) 등이 생략되어 현재와 미래를 비교한다.
✔ 여기서 should는 추측의 의미를 나타낸다.

---

321 If officials had made the right decision / when the cracks were first found in the building, // the collapse might have been prevented, / or at least managed **better**.

만약 공무원들이 올바른 결정을 내렸다면 / 그 빌딩에서 균열이 처음 발견됐을 때,
// 그 붕괴는 방지될 수 있었을 텐데. / 혹은 최소한 더 잘 수습될 수 있었을 텐데.

✔ 과거 사실과 반대인 일에 대한 가정·상상을 나타내는 〈If+S′+had p.p., S+조동사 과거형+have p.p〉 형태의 가정법 과거완료 구문이다.
✔ = As officials didn't make the right decision ~, the collapse could not be prevented or at least managed better.
✔ better는 붕괴가 발생한 과거 당시 수습된 상태보다 '더 잘 수습될 수 있었을 텐데'의 의미를 나타낸다. better 다음에 than it was managed (at that time)이 생략되어 과거와 가정한 상황을 비교하고 있다.

---

322 One of the effects of aging is // that your body becomes **less able** to regulate its temperature / in such a way [that you are unable to properly judge // if you are warm or cold]. – 모의응용

노화의 영향 중 하나는 ~이다 // 신체가 체온 조절 능력이 덜하게 되는 것
/ (~한) 방식으로 [자신이 제대로 판단할 수 없는 // 따뜻한지 추운지를].
↳ 노화의 영향 중 하나는 체온 조절 능력이 떨어져 따뜻한지 추운지를 판단할 수 없게 되는 것이다.

✔ 문맥상 문장 맨 뒤에 than it was able to regulate (in the past) 등이 생략되어 과거와 현재를 비교하고 있다.
✔ 첫 번째 that 이하는 문장의 보어 역할을 하는 명사절이고, 두 번째 that 이하는 such a way를 수식하는 관계부사절이다. 또한, if는 judge의 목적어로 쓰인 명사절을 이끈다.

---

323 Supposing we have a high sense of self-confidence, // we will set **higher** goals, / be **less afraid** of failure, / and persist **longer** when we encounter difficulties. – 경찰대응용

만약 우리가 높은 자신감이 있다면. // 우리는 더 높은 목표를 세울 것이고, /
실패를 덜 두려워할 것이고, / 어려움에 맞닥뜨릴 때 더 오래 계속할 것이다.

QUESTION have a high sense of self-confidence
해설 | 문맥상 생략된 than 이하의 비교 대상은 '우리가 높은 자신감이 없을 때보다'이다.

✔ supposing[suppose, provided, assuming] (that) ~: 만약 ~이라면 (= if)

---

324 Our happiness and our free self-expression is **much more assured** // if we let go of end results; // work toward your goals / and don't be imprisoned by them. – 모의응용

우리의 행복과 자유로운 자기표현은 훨씬 더 잘 보장된다 // 우리가 최종 결과를 (손에서) 놓는다면 (→ 최종 결과에 집착하지 않는다면)
// 목표를 향해 나아가고 / 그것들(목표)에 의해 구속되지 마라.

✔ much more assured if we let go of end results 다음에 앞 내용과 대조되는 than if we don't let go of end results(우리가 최종 결과에 집착하는 경우보다)가 생략된 것으로 볼 수 있다.

325 If we lived in a society (with no hypothetical situations), // our society might be drastically **less advanced**; // human imagination and creativity are the foundation [on which science and technology can be explored].

만약 우리가 사회에 산다면 (가상적인 상황이 없는), // 우리 사회는
훨씬 덜 진보적일지도 모른다 // 인간의 상상력과 창의력은 기초이다
[(그것을 토대로) 과학과 기술이 탐구될 수 있는].

SUMMARY imagine | 진보의 주요 원천은 상상하는 능력이다.

- 현재 사실과 반대인 일에 대한 가정·상상을 나타내는 〈If+S′+동사의 과거형, S+조동사 과거형+동사원형〉 형태의 가정법 과거 구문이다.
  = Because we don't live in a society ~, our society is not drastically less advanced ~
- 문맥상 less advanced 다음에 than if we lived in a society with hypothetical situations가 생략된 것으로 볼 수 있다.
- on which 이하는 the foundation을 선행사로 하는 〈전치사+관계대명사〉 절이다. (← science and technology can be explored on the foundation.)

UNIT
3 2 유의해야 할 비교급 구문

326 The increases (in skill and technology themselves) / have ensured **no more** increase in human happiness or well-being // **than** academic development has.

(기량과 기술 그 자체의) 증가가 /
인류의 행복이나 안녕의 증진을 보장하지 않았다 // 학업 발달이 (인류의 행복이나 안녕의 증진을) 보장해오지 않은 것과 마찬가지로.

QUESTION any more than

해설 | 〈A no more ~ than B〉는 'A는 B와 마찬가지로 ~ 아니다'라는 의미로 〈A not ~ any more than B〉로 바꿔 쓸 수 있으므로 빈칸에 any more than이 적절하다.
(= The increases ~ have **not** ensured an increase in human happiness or well-being **any more than** academic development has.)

- 〈A no more[less] ~ than B〉는 두 대상의 차이가 없는 것으로, A, B 모두를 긍정하거나 모두를 부정한다.
- than 이후의 academic development has ensured 뒤에는 앞에 나온 an increase in human happiness or well-being이 생략되었다. has 뒤에는 ensured가 생략되었다.

327 It is important, / **not so much** to give a man bread, / **as** to put him in the way of earning it for himself; // not to give direct aid, / but to help others to help themselves.

(~이) 중요하다, / 어떤 사람에게 빵을 주는 것보다는, / 오히려 그에게 스스로 그것을
얻는 길을 열어주는 것이 // (즉,) 직접적인 도움을 주는 것이 아니라, / 사람들이 스스로 하도록 돕는 것이 (중요하다).

QUESTION to give direct aid

- not so much A as B: A라기보다는 오히려 B이다 (= B rather than A)
  = It is important to put a man in the way of earning bread for himself *rather than* to give it to him.
- It은 가주어이고, 〈not so much A as B〉 구문의 A, B에 해당하는 to-v가 진주어이다.
- not A but B: A가 아니라 B

328 A year after the historic tornado outbreak, / the unusually quiet weather has resulted in a somewhat peaceful spring. There was **not so much as** a single tornado warning (issued by the weather service).

역사적인 토네이도 발생으로부터 1년 후, / 평소와 달리 잔잔한 날씨로
다소 평온한 봄이 되었다. 단 하나의 토네이도 주의보조차도 없었다
(기상청에서 발령한).

329 Thinking is a natural thing, / just like breathing or nutrition. This means // that we do **not** learn to think / **any more than** we learn to breathe or to assimilate food.

생각은 자연스러운 것이다. / 호흡이나 영양 섭취처럼. 이것은 의미한다 //
우리가 생각하는 법을 배우지 않는다는 것을 / 우리가 숨 쉬는 법이나 음식을 소화하는 법을 배우지 않는 것과 마찬가지로.

✔ A not ~ any more than B = A no more ~ than B: A는 B와 마찬가지로 ~ 아니다, B가 아닌 것처럼 A도 ~ 아니다

---

330 Researchers have recognized // that laughter is **no less** beneficial **than** exercise / in terms of enhancing our physical and mental performance. Laughing can create significant hormonal changes in the body, / ultimately helping it resist disease, / and
= the body

in some cases curing it.
= disease

연구자들은 인식해왔다 // 웃음이 운동(이 유익한 것)만큼이나 유익하다는 것을 /
신체와 정신 작용을 향상시킨다는 측면에서. 웃음은
신체에서 중요한 호르몬 변화를 일으킬 수 있다. / (그리고) 궁극적으로 신체가 질병에 저항하는 것을 돕는다. / 그리고
몇몇 경우에는 질병을 치료한다.

FILL-IN ①
해설 | 웃음이 신체가 질병에 저항하는 것을 돕고 질병을 치료하기도 한다는, 웃음의 '유익한' 특징에 대한 내용이 이어지므로 빈칸에는
beneficial이 적절하다. 〈A no less ~ than B〉 구문의 의미(B가 ~인 것처럼 A도 그렇다)를 알아야 빈칸에 들어갈 말을 추론할 수 있다.

✔ A no less ~ than B = A just as ~ as B: A는 꼭 B만큼 ~하다. B가 ~인 것처럼 A도 그렇다
✔ ultimately 이하는 helping it resist disease와 curing it이 and로 병렬 연결된 분사구문이다.
　(= and laughing ultimately helps it(= the body) resist disease, and in some cases cures it(= disease))

---

331 Surprisingly, / despite the enormous opportunities in a family (for exposing children to the foods (eaten by the parents)), / parental preferences are weak predictors of child food preferences; // in fact, / they are **no better** predictors **than** the preferences of other
= parental preferences

adults. – 경찰대

놀랍게도, / 가정 내에서의 엄청나게 많은 기회에도 불구하고 (아이들을
(부모가 먹는) 음식에 노출시킬), / 부모의 선호는 아이들의 음식 선호에 대한 불충분한 예측 변수이다
// 사실, / 그것들은 다른 어른들의 선호보다 더 나은 예측 변수가 되지 못한다.
↳ 가정 밖의 다른 어른들의 음식 선호가 아이들의 음식 선호에 대한 불충분한 예측 변수인 것만큼이나 부모의 선호도 불충분한 예측 변수이다.
　(아이들의 음식 선호에 관해서 부모의 선호는 다른 어른들의 선호만큼이나 영향을 미치지 못한다.)

✔ no+비교급+than = as+반대 의미 원급+as
　= ~ in fact, they(= parental preferences) are **as bad** predictors **as** the preferences of other adults.

---

332 Having knowledge / but lacking the power (to express it clearly) / is **no better than** never having any ideas at all. – Pericles ((고대 그리스 정치인))

지식이 있는 것 / 그러나 (그것을 명확하게 표현할) 능력이 없는 것은 /
전혀 아무것도 모르는 것과 다름없다.

✔ no better than ~ = as bad as ~
✔ 주어 자리에 두 개의 동명사구가 쓰였지만, '지식은 있으나 명확하게 표현할 능력이 없는 것'이라는 하나의 개념으로 쓰여 단수 취급하여 단수동사 is가 쓰였다.

333 To encourage student participation in group discussion, / it is recommended / to involve **no more than** 20 persons / and to plan the material (to be covered) carefully.

집단 토론에서 학생 참여를 장려하기 위해서, / (~이) 권장된다 /
단지 20명만 참여시키고 / (다뤄질) 소재를 신중하게 계획하는 것이.

✔ no more than ~ = as few/little as ~ = only ~: 겨우 ~인
✔ 문장 맨 앞에 쓰인 To encourage ~ group discussion은 목적을 나타내는 부사적 용법의 to-v이며, and로 연결된 to involve ~ persons와 to plan ~ carefully는 문장의 진주어로 쓰인 명사적 용법의 to-v이다.

334 Many phenomena mystify the human mind, // and when people do not have scientific explanations / they will construct other explanations [that, (**no less than** the former), influence their conduct]. – 경찰대응용

많은 현상은 사람의 마음을 혼란스럽게 한다. // 그리고 사람들에게 과학적 설명이 없으면
/ 그들은 다른 설명을 만들어낼 것이다 [(전자(과학적 설명)만큼 많이,)
그들의 행동에 영향을 주는].

QUESTION scientific explanations

✔ no less than ~ = as many/much as ~: ~나 되는

335 People can enjoy perishable foods (like fruits, vegetables, and dairy products), (previously storable for **not more than** a month), / for up to six months of the year, / due to the invention of canning and the ubiquity of fridges.

사람들이 상하기 쉬운 음식을 즐길 수 있다 (과일, 채소, 유제품 같은),
(이전에는 기껏해야 한 달 동안 저장 가능했던), / 일 년 중 6개월까지, /
통조림 제조의 발명과 냉장고의 보편화로.

✔ not more than ~ = at most ~: 많아야, 기껏해야

336 While on a diet, / you should eat less, but ∨ **not less than** 1,200 calories, // since extreme restriction of consumed calories sends signals to your body (to conserve calories), / which can significantly slow your metabolic rate, / and hinder your weight loss goals.

다이어트 중에, / 덜 먹어야 하지만, 적어도 1,200칼로리는 (먹어야 한다), //
섭취되는 열량을 극도로 제한하는 것은 신체에 (열량을 보존하라는) 신호를 보내기 때문이다.
/ (그리고) 그것은 신진대사율을 크게 낮추어, / 체중 감량 목표를 방해할 수 있다.

QUESTION hinder
해설 | 섭취되는 열량을 극도로 제한하면 신체에 열량을 보존하라는 신호를 보내 신체가 신진대사율을 낮춘다고 했다. 이는 체중 감량의 방해 요소로 작용할 것이므로, 빈칸에는 '방해하다'라는 의미의 hinder가 적절하다.

✔ not less than ~ = at least ~: 적어도
✔ ∨ 자리에는 you should eat이 반복되어 생략되었다.
✔ which는 앞에 나온 to conserve calories를 보충 설명한다.

UNIT 33 대명사 it, they, this, that

---

337 It is likely // that any major enterprise [that was ever undertaken] had an expert
S(가주어)　　　　　　　　　　　　　　　　S′(진주어)

(arguing conclusively // that **it** would not succeed).
　　　　　　　　　　　= any major enterprise

(~은) 있을 법하다 // [이제껏 시작된] 어떤 위대한 사업에도 전문가가 있었다는 것은
(단호하게 주장하는 // 그것은 성공하지 못할 것이라고).
↳ 모든 위대한 사업이 시작될 때마다, 전문가가 그 사업이 성공하지 못할 것이라고 단호하게 주장했을 가능성이 있다.

> **QUESTION** any major enterprise

- It is likely that ~에서 It은 가주어이고 that부터 문장 끝까지가 진주어이다. 진주어 that절 안에 있는 세 번째 that 이하는 arguing의 목적어 역할을 한다.
- arguing 이하는 an expert를 수식하는 현재분사구이다.

---

338 Speaking of rudeness, / to be rude is not just to be selfish, / in the way [that children

(until taught otherwise) and animals / are instinctively selfish]; // **it** is a decision (to
　　　　　　　　　　　　　　　　　　　　　　　　　　　= to be rude

ignore others) [that results in being alone]. ─모의응용

무례함에 대해 말하자면, / 무례한 것은 단지 이기적인 것이 아니다, / (~라는) 면에서
[(그러지 않도록 배울 때까지) 아이들과 동물들은 / 본능적으로 이기적이라는] // 그것(무례한 것)은 결정이다
(다른 이들을 무시하겠다는) [그 결과로 혼자가 되는].
↳ 무례함은 단지 이기적인 것을 말하는 것은 아니다. 무례함은 혼자가 되는 결과를 낳는 다른 이들을 무시하겠다는 결정이다.

> **QUESTION** to be rude

- speaking[talking] of ~: ~에 대해 (하는) 말인데[말하자면]
  cf. 분사구문의 기타 관용적 표현
  generally[frankly, strictly, roughly] speaking ~: 일반적으로[솔직히, 엄격히, 대충] 말해서
  granting (that) ~, admitting (that) ~: 혹시 ~이라 하더라도, ~이기는 하나
  judging from ~: ~로 판단하건대[미루어 보아]
- until taught otherwise = until they(= children) are taught not to be selfish
- to ignore others는 a decision과 동격을 나타내는 to부정사구이다. 그 뒤의 that 이하 관계사절도 a decision을 수식한다.

---

339 Resilience is accepting your new reality, // even if **it**'s less good / than the one [you had
　　　　　　　　　　　　　　　　　　　　　　　= the new reality

before]. You can fight **it**, you can do nothing but scream about what you've lost, or you
　　　　　　　　　= the new reality

can accept **that** / and try to put together something [that's good].
　　　　= the new reality
　　　　　　　　　　　　　　　　　　　　　　　　　　─Elizabeth Edwards ((美 변호사))

회복력은 새로운 현실을 받아들이는 것이다. // 비록 그것(새로운 현실)이 덜 좋다고 할지라도 / [당신이 전에 가졌던] 것보다.
당신은 그것(새로운 현실)과 싸울 수 있다, 당신은 당신이 잃은 것에 대해 절규하기만 할 수도 있다, 또는
당신은 그것(새로운 현실)을 받아들이고 / [좋은] 어떤 것을 조합하여 만들어 내려고 할 수 있다.

- (even) if: 비록 ~일지라도, ~이든 아니든 ((가정))
- 두 번째 문장에서 절 세 개가 or로 병렬 연결되었다.

340 Should you put a very dirty garment into a washing machine / with other clothes, //

it may cause all the garments to be muddy-looking / after **they** have been laundered.

= the very dirty garment   = all the garments

혹시라도 당신이 매우 더러운 옷을 세탁기에 넣는다면 / 다른 옷들과 함께, //
그것은 모든 옷이 흙투성이처럼 보이게 할지도 모른다 / 그것들이 세탁된 후에.

✔ Should you put ~은 가정법 if절에서 if를 생략하여 주어 you와 조동사 should가 도치된 형태이다.(◀ Unit 20)
= *If you should* put a very dirty garment ~.

341 People [who are very interested in keeping up with the latest fashion trends] / will not

wear the clothes [that **they** bought last year], // even though **those** are still in perfect

= People who ~ trends   = the clothes

condition.

[최신 패션 유행을 따르는 데 관심이 아주 많은] 사람들은 /
옷을 입지 않을 것이다 [그들이 작년에 구매한], // 비록 그것들이 여전히 완벽한 상태이지만.

✔ (even) though, although: 비록 ~이지만, ~에도 불구하고 ((이미 일어난 사실))

342 Leadership requires the skill (to be a cause for positive change / by doing the right

thing at the right time) // and **this** is what makes a person capable of being a leader.

= the skill   V′   O′   C′

리더십에는 기술이 필요하다 (긍정적인 변화의 원인이 되는 /
알맞은 때에 알맞은 일을 함으로써) // 그리고 이것이 어떤 사람이 리더가 될 수 있게 만드는 것이다.

✔ what makes ~ a leader는 주격보어 역할을 하는 명사절이고, capable of being a leader는 makes의 목적격보어이다.

343 Temperatures tend to be at their highest between 10 a.m. to 2 p.m., // so **that** is a good

                                                     = between 10 a.m. to 2 p.m.

time to avoid being outside / to stay hydrated during hot weather, // and **this** will keep

                                         = to avoid being outside to stay hydrated

you from getting heat stroke.

기온은 오전 10시에서 오후 2시 사이가 가장 높은 경향이 있다 / 그래서 그때는
밖에 있는 것을 피하는 것이 좋은 시간이다 / 더운 날씨에 수분을 유지하기 위해, // 그리고 이는
당신이 열사병에 걸리는 것을 막을 것이다.

QUESTION ② | ① 10시에서 2시 사이의 최고 기온 ② 수분을 유지하기 위해 밖에 있는 것을 피하는 것

344 We often forget // that the main purpose of criticizing is [not] to be negative [but] to be

constructive: / to fix something. But general criticism is destructive, // and **it** doesn't

                                                           = general criticism

lead anyone / to know how to fix things; // **it** just makes people feel bad.

           부사적 to부정사(~하도록)   = general criticism

우리는 종종 잊는다 // 비판의 주요 목적이 반대하는 것이 아니라 건설적이려는 것이라는 점을
/ 즉, 무언가를 바로잡는 것. 그러나 일반적인 비판은 파괴적이다. // 그리고 그것(일반적인 비판)은
아무도 이끌지 않는다 / 상황을 어떻게 바로잡을지를 알도록 // 그것은 그저 사람들을 기분 나쁘게 만든다.

✔ to be negative와 to be constructive는 that절 안에서 주격보어 역할을 하는 to부정사구로 상관접속사 〈not A but B〉에 의해 병렬 연결되었다.

✔ 여기서 두 개의 it은 모두 general criticism을 가리키는 대명사이다. 뒤의 to부정사(to know ~)가 있다고 해서 가주어 it으로 혼동하지 않아야 한다.

345 Unlike the modern society, / the primitive society had less specialized knowledge to transmit, // and since **its** way of life was enacted / before the eyes of all, / **it** had no
= the primitive society's   = the primitive society
need (to create a separate institution of education, (such as the school)). –수능응용

현대 사회와는 달리, / 원시 사회는 전달할 지식이 덜 전문적이었다.
// 그리고 그것(원시 사회)의 생활방식이 일어났기 때문에, / 모든 사람의 눈앞에서, / 그것(원시 사회)은 필요가 없었다
((학교와 같은) 분리된 교육 기관을 만들,).
↳ 원시 사회는 전달할 지식이 전문성이 덜하고 생활방식이 모든 사람의 눈앞에서 일어났기 때문에, 학교와 같은 분리된 교육 기관을 만들 필요가 없었다.

---

346 Medical waste holds risk for infection, // so **it** has to be handled with special
= medical waste
methods / to prevent a biological risk from being introduced to the environment or
부사적 to부정사(~하도록)
community.

의료 폐기물은 감염의 위험이 있다. // 그래서 그것(의료 폐기물)은 특별한 방법으로 처리되어야 한다
/ 생물학적 위험 요소가 환경이나 지역 사회에 유입되는 것을 막도록.

QUESTION ①

✔ prevent[keep]+O+from+v-ing: O가 v하는 것을 막다
여기서는 a biological risk가 '유입되는'이라는 수동의 의미이므로 동명사의 수동형(being introduced)이 쓰였다.

---

347 Only true acting can completely absorb an audience, / making **it** not only understand
= an audience
but participate emotionally in all [that is transpiring on the stage], / thus enriching the audience with an inner experience [that will not be erased by time].

진실한 연기만이 관객을 완전히 빠져들게 할 수 있다. / 관객이 이해하게 할 뿐만 아니라
[무대 위에서 일어나고 있는] 모든 일에 감정적으로 참여하게 하므로, / 그래서
[시간이 흘러도 지워지지 않을] 내면의 경험으로 관객들(의 마음)을 풍요롭게 한다.

QUESTION ②

✔ making 이하는 이유를 나타내는 분사구문이다. thus enriching 이하는 접속사를 남긴 결과를 나타내는 분사구문이다.
= Only true acting can ~, *as it(=true acting) makes* ~, *thus it enriches* ~.
✔ understand와 participate ~ stage는 making의 목적격보어로 상관접속사 〈not only A but (also) B〉에 의해 병렬 연결되었다.
(←make an audience not only understand but participate ~)
       V   O   C

U N I T
3 4 숨어 있는 가정법

348 *Lower consumption of meat and dairy products (accompanied by a proportional reduction in livestock production)* **would reduce** greenhouse gas emissions / as well as the area of land use.

육류와 유제품 소비의 감소가 있다면, (축산물 생산량의 비례하는 감소가 동반된)
온실가스 배출도 줄 것이다 / 토지 사용 면적뿐만 아니라.

QUESTION Lower consumption of meat and dairy products accompanied ~ production
해설 | 주어 부분에 if절의 의미가 포함되어 있다.

✔ *If there were[If it were for]* lower consumption ~, it would reduce ~.

349 *In a normal year without recession*, / students **would have** successfully **finished** their job hunting // while still in their final year of university.

불황이 없는 여느 때와 같은 해였다면, / 학생들은 성공적으로
그들의 구직 활동을 끝냈을 것이다 // 그들이 여전히 대학의 마지막 학년일 동안에.

QUESTION ①

해설 | '불황이 없었다면 학생들이 구직 활동을 성공적으로 끝냈을 것'이라는 과거 사실과 반대되는 내용을 말하므로, 실제로는 불황으로 학생들이 구직에 어려움을 겪었음을 알 수 있다.

✔ 전치사 In이 이끄는 부사구가 if절의 의미를 포함한다.
= *If it had been* a normal year without recession, students would have successfully finished ~.

350 *Just a fraction nearer the sun*, / the Earth **would be** a furnace like Venus, / considering the temperature of the sun, // which is around 6,000°C.

태양에 조금만 더 가까이 있다면, / 지구는 금성처럼 몹시 뜨거울 것이다, /
태양의 온도를 고려하면, // 그것(= 태양의 온도)은 약 섭씨 6,000도이다.

QUESTION If, were

해설 | 부사구(Just a fraction nearer the sun)가 if절의 의미를 포함하며, 현재 사실과 반대되는 내용이므로 가정법 과거로 완성한다.
= *If it were* just a fraction nearer the sun, the Earth would be ~.

✔ 여기서 considering은 '~을 고려하면'이라는 뜻으로 쓰인 전치사이다.

351 Industrial diamonds are ⬚so⬚ important // ⬚that⬚ *a shortage* **would cause** a breakdown in the metalworking industry / and **would destroy** mass production. −수능응용

공업용 다이아몬드는 아주 중요해서 // 부족하면
금속 공업의 붕괴를 초래하고 / 대량 생산을 무너뜨릴 것이다.

✔ so+형용사[부사]+that ...: 아주 ~해서 ...하다
✔ that절의 주어 a shortage가 if절의 의미를 포함한다.
= ~ that *if there were* a shortage, it would cause ~ and would destroy ~.

352 *An intelligent person* **would have comprehended** // that the perfect singing of the singer was not due to natural gifts alone. The singer had received a thorough training, // and, (though young), she was very proficient.

지적인 사람이라면 이해했을 것이다 // 그 가수의 완벽한 가창력이
타고난 재능 때문만은 아니라는 것을. 그 가수는 철저한 훈련을 받았고,
// (어린 나이지만), 매우 능숙했다.

✔ 주어 An intelligent person이 주어 if절의 의미를 포함한다.
= *If a person had been intelligent,* he or she would have comprehended ~.

353 It **would be** imprudent, (not to say foolish), / *to rely on your instincts and intuition all the time*.

(~은) 경솔한 일일 것이다, (어리석다고는 할 수 없지만), / 항상 당신의 직감과 직관에 의존한다면.

✔ 진주어인 to부정사구가 if절의 의미를 포함한다.
= *If you relied* on ~ all the time, it would be ~.

354 The quickest way (to enjoy your hobby more) / is to make it a job. *To turn a hobby into a business* / **would give** you the passion (to truly enjoy your work).

(취미를 더 많이 즐길 수 있는) 가장 빠른 방법은 / 그것을 직업으로 삼는 것이다. 취미를 일로 바꾼다면 /
네게 열정을 줄 것이다 (일을 진정으로 즐길 수 있는).

✔ to부정사구 주어가 if절의 의미를 포함한다.
= *If you turned* a hobby into a business, it would give ~.

355 *Invented 10,000 years earlier*, / the camera **could have recorded** mammoths (wandering the plains during the last Ice Age).

만 년 더 일찍 발명되었더라면, / 카메라는 매머드를 녹화할 수 있었을 것이다
(마지막 빙하기 동안 평원을 거니는).

☑ 분사구문이 if절의 의미를 포함한다.
= ***If it had been invented*** 10,000 years earlier, the camera could have recorded ~.

356 *Recognized by a wider audience*, / Franz Kafka **might have been appreciated** during his time, // but the author died from tuberculosis at age 40, / before much of his work was published or even finished.

더 많은 독자에게 알려졌더라면, / 프란츠 카프카는 그가 살았던 시대에 인정받았을지도 모른다,
// 하지만 그 작가는 40세의 나이에 결핵으로 숨졌다, / 그의 많은 작품이
출판되거나 끝마쳐지기도 전에.

☑ = ***If he had been recognized*** by a wider audience, Franz Kafka might have been appreciated ~.

357 It is necessary to televise trials / to increase the chance of a fair trial. If trials are televised, // a huge audience will be made aware of cases, / and crucial witnesses [who **would *otherwise* be** ignorant of a case] / may come forward. – 모의응용

재판을 텔레비전으로 방송할 필요가 있다 / 공정한 재판의 기회를 늘리기 위해.
재판이 방송된다면, // 엄청난 수의 시청자들이 사건들에 대해 알게 될 것이다. / 그리고 결정적인 목격자들이
[그렇지 않다면(= 방송되지 않으면) 사건에 대해 모를] / 도움을 주기 위해 나설지도 모른다.

☑ 두 번째 문장에 쓰인 if절에는 현실적 가능성이 있음을 나타내는 직설법이 사용되었다.
☑ otherwise = ***if trials were not televised***

358 The recent spirit of cooperation (among various branches of the sciences) / has led to a number of discoveries [which ***otherwise* might not have been made**].

최근의 협력 정신은 (다양한 과학 부문들 사이의) /
많은 발견으로 이어졌다 [그렇지 않았다면(= 협력 정신이 없었다면) 이루어지지 않았을지도 모르는].

QUESTION ① | ① 다양한 과학 부문들 사이의 협력 정신이 없었더라면 ② 과학의 많은 발견이 없었더라면

☑ otherwise = ***if there had not been the recent spirit of ~ sciences***
동사가 〈might+have p.p.〉 형태이므로 과거 사실을 가정하는 가정법 과거완료로 파악한다.

359 Probably unconsciously, / primitive hunters had moved^(V₁) from Asia across the land bridge / to hunt animals / ꜱ and ∨ become^(V₂) the first immigrants to the new land. ***Without the ice age***, / North America **might have remained** unpopulated / for thousands of years more. – 모의응용

아마도 무의식적으로, / 원시 사회의 사냥꾼들은 아시아로부터 육지로 연결된 곳을 가로질러 이동했다
/ 동물을 사냥하기 위해 / 그리고 새로운 땅의 최초의 이주민이 되었다.
빙하 시대가 없었다면, / 북아메리카는 사람이 살지 않는 곳으로 남아 있었을 것이다 / 수천 년 더.

☑ ∨ 자리는 and로 병렬 구조를 이루는 had become에서 had가 생략되었다.
☑ Without the ice age = ***If it had not been for the ice age***

360 What keeps all of the scholars going // when things are going badly / is their passion for
their academic work. ***But for passion*,** / they **would achieve** nothing. — 모의응용

모든 학자들을 계속하게 하는 것은 // 상황이 악화되고 있을 때 /
자신들의 학업에 대한 열정이다. 열정이 없다면, / 그들은 아무것도 이루지 못할 것이다.

✔ But for passion = ***If it were not*** for passion

UNIT
35 부정구문

361 Since there are variations among students / in their school performance and in their
potential to excel academically, // **not all** students pursue the same course of
academic training.

학생들 사이에 편차가 있기 때문에 / 학교 성적과
학업적으로 우수하게 될 잠재력에 있어서, // 모든 학생이 동일한
학교 교육 과정을 따르는 것은 아니다.

QUESTION ▶ **Some** | 일부 학생들은 다른 학교 교육 과정을 따른다.
해설 | not all은 '모두 ~한 것은 아니다'라는 부분부정을 나타내므로, 일부(Some) 학생들은 다른 학교 교육 과정을 따르는 것임을 알 수
있다.

✔ not 다음에 전체를 나타내는 어구가 오면 부분부정을 나타낸다.
not all[every]: 모두 ~한 것은 아니다

362 It is important / to be mindful about every single aspect of purchasing food. Try not
to race through your shopping. In my hometown, / **nobody** would buy a melon /
without feeling it and smelling it; // and **nobody** would dream of buying a chicken /
without knowing which farm it came from $\boxed{and}$ what it ate. — 수능

(~이) 중요하다 / 식품 구매의 단계마다 신경을 쓰는 것이.
쇼핑하면서 서두르려고 하지 마라. 내 고향에서는, / 아무도 멜론을 사지 않을 것이다 /
그것을 만져보고 냄새 맡지 않고서 // 그리고 아무도 닭을 사는 것을 꿈꾸지 않을 것이다 /
그것이 어느 농장에서 왔고 무엇을 먹었는지 알지 못하는 채로.
↳ 내 고향 사람들은 모두 반드시 만져보고 냄새 맡고 나서야 멜론을 사고, 어느 농장에서 왔고 무엇을 먹고 자랐는지 반드시 알아보고 나서
야 닭을 살 것이다.

QUESTION ▶ **All** | 모든 사람이 멜론을 만져보고 냄새를 맡은 후에 살 것이다.
해설 | 〈부정어(nobody)+부정어(without)〉로 강한 긍정의 의미(~하지 않는 사람은 아무도 없다)를 나타내는 이중부정 구문이므로, '모든
(All)' 사람들이 멜론을 만져보고 냄새를 맡고 산다는 의미가 알맞다.

363 **Just because** you are intelligent or have great knowledge / does **not** mean you can
think critically. Critical thinking is about // how we use our intelligence and
knowledge / to reach objective and rational viewpoints.

당신이 똑똑하다거나 상당한 지식을 갖고 있다고 해서 /
당신이 비판적으로 사고할 수 있다는 것은 아니다. 비판적 사고는 (~에) 관한 것이다 // 우리가 자신의 지능과 지식을 어떻게 사용하는지에
/ 객관적이고 합리적인 관점에 도달하기 위해서.

✔ 〈because ~ not ...〉은 '~이라고 해서 ⋯은 아니다'의 의미이다. 이때, because 앞에 just 혹은 only가 오기도 한다.
 e.g. He isn't better than us **(just) because** he is rich. (그가 (단지) 부자라고 해서 우리보다 나은 것은 아니다.)
✔ 두 번째 문장의 how는 전치사 about의 목적어 역할을 하는 명사절을 이끈다.

364 Because a man has his faults, // **it does not follow** / **that** what he has produced, sponsored or been associated with / is worthless. Likewise, because a man is beyond praise, // **it does not follow** / **that** his every idea is $\boxed{so}$ good $\boxed{that}$ it doesn't need to be examined.

사람이 결점이 있다고 해서, // 반드시 (~인 것은) 아니다 / 그가 만들어 내거나,
후원하거나, 연관되어 온 것이 / 가치가 없다는 것은. 마찬가지로, 사람이 칭찬할 말이 모자란다고 해서(아주 뛰어나다고 해서),
// 반드시 (~인 것은) 아니다 / 그의 모든 생각이 아주 훌륭해서 검증될 필요가 없는 것은.

- it does not follow that ~에서 it은 가주어, that절은 진주어이다.
- 첫 문장에서 what이 이끄는 절이 that절의 주어이며, 동사는 is이다. produced, sponsored, been associated with는 has와 함께 현재완료 시제를 이루는 과거분사로, 접속사 or에 의해 병렬 연결되었다.

365 The age of 3½ is **not without** its charm. One of the more amusing aspects of this age / is the child's often vivid imagination, // which is expressed most strikingly in their enjoyment of imaginary companions. −수능응용

3.5세라는 연령은 매력이 없지 않다. 이 연령에서 좀 더 재미있는 면 중의 하나는 /
아이에게서 흔히 나타나는 생생한 상상력이다. // 그리고 이것은
상상 속 친구들과의 즐거움 속에서 가장 두드러지게 나타난다.
↳ 3.5세라는 연령은 매력 있는데, 그중 하나는 상상 속 친구들과의 놀이로 나타나는 아이의 생생한 상상력이다.

QUESTION ② | ① 아무런 매력이 없다 ② 그 나름의 매력이 있다
해설 | 〈부정어(not)+부정어(without)〉로 강한 긍정의 의미를 나타내는 이중부정 구문이다.

- which 이하는 선행사인 the child's often vivid imagination을 보충 설명하는 관계대명사절이다.

366 In less developed countries, / the quality and scale of secondary education are **far from** adequate [V₁] / and need to be reformed [V₂] / in order to meet the UN's universal education target.

저개발 국가들에서, / 중등 교육의 질과 규모는 전혀 충분하지 않다
/ 또한 개선되어야 한다 / 유엔의 전 세계적인 교육 목적에 부합하려면.

- far from (전혀 ~ 아닌; ~와는 거리가 먼) 다음에 형용사 adequate가 나왔는데, far from (being) adequate의 의미로 이해할 수 있다.

F·Y·I secondary education(중등 교육): 12, 13세부터 18, 19세까지의 청소년을 대상으로 하며 초등 교육과 고등 교육의 중간 단계를 이루는 교육. 한국의 경우 중학교와 고등학교 단계의 교육이 이에 해당한다. 위 단계인 higher education(고등 교육)은 대학교 이후의 교육을 말한다.

367 Futurists agree // that schooling needs to prepare students for jobs [that don't exist yet], / to work with tools [that **have yet to be created**], / $\boxed{and}$ to solve problems [that **have yet to be identified**].

미래학자들은 의견이 일치한다 // 학교 교육이 학생들을 [아직 존재하지 않는] 직업에 대비시켜야 한다는 것에,
/ [아직 만들어지지 않은] 도구로 작업하기 위해서, / 그리고 [아직 파악되지 않은] 문제를 해결하기 위해서.

- have yet to-v: 아직 v하지 않았다
- 두 개의 관계대명사절 that have yet to be created와 that have yet to be identified가 각각 tools와 problems를 수식한다.

368 Over the past couple of years / we have seen an explosion in social media, // and now it seems / everyone is rushing to jump on the bandwagon / **for fear** that they **(should)** be left out of the opportunities [that it can offer].

지난 몇 년간 / 우리는 소셜 미디어의 폭발적 증가를 보아 왔고, // 이제는
~인 것 같다 / 모든 사람이 유행에 합류하려고 서두르고 있는 /
그들이 기회에서 배제되지 않도록 [그것(= 소셜 미디어)이 제공할 수 있는].

🪶 for fear[lest]+S′(+should)+V′: v하지 않도록(= so that+S′+may not+V′), v할까 봐

---

369 **What does it matter** / if we have a new book or an old book, // if we open neither?

— Jesse Jackson ((美 정치인))

(~이) 무슨 의미가 있겠는가 / 새 책을 가지고 있든 헌 책을 가지고 있든, // 두 책 중 어느 것도 펼치지 않는다면?

QUESTION ② | ① 좋은 책이 얼마나 오래되었는지는 중요하지 않다. ② 중요한 것은 당신이 책을 읽었는지이다.

🪶 의문사로 시작하는 긍정의문문 형태로 부정의 의미를 나타내고 있다.
= It doesn't matter if we have ~.

---

370 People in the world today [who subsist by hunting, fishing and gathering plants] / are **not** following an ancient way of life // **because** they do not know any better; // they are doing it // either because they have been forced by circumstances into a situation
= following an ancient way of life
[where foraging is the best means of survival] / or because they simply prefer to live this way.

오늘날의 세상 사람들은 [사냥, 낚시, 그리고 식물 채집으로 먹고사는] /
고대의 생활방식을 따르고 있는 것이 아니다 // 그들이 안 배워서 모르기 때문에 // 그들은
그렇게 하고 있다(고대의 생활방식을 따르고 있다) // 그들이 환경에 의해 (~인) 상황으로 몰리므로
[수렵 채집이 최선의 생존 수단인] / 또는 그들이 단지 이런 방식으로 사는 것을 선호하기 때문에.
↳ 오늘날 사냥, 낚시, 식물 채집으로 먹고사는 사람들이 고대 생활방식을 따르는 이유가 안 배워서 모르기 때문인 것은 아니다. 그 이유는 수렵 채집이 최선의 생존 수단인 상황이거나 이런 방식을 선호하기 때문이다.

🪶 not ... because ~: ~이라고 해서 …은 아니다 (= just[only] because ~ not ...)
🪶 either because ~ or because ...: ~ 때문이거나 … 때문에 (두 이유 중 하나 때문에)

UNIT 36 인과/선후를 나타내는 수동태 표현

371 *Some changes in the environment* **have been caused by** *natural events*; // many more ∨ are the result of things [that people have done].

몇몇 환경 변화들은 자연 현상들로 인해 초래되어왔다 //
(그러나) 더 많은 환경 변화들은 [사람들이 저지른] 일들의 결과이다.

QUESTION ①
해설 | 〈A be caused by B〉는 A가 결과, B는 원인이므로 Some changes in the environment가 결과에 해당한다.

🪶 ∨ 자리에는 changes in the environment가 생략되었다.

372 Superstitious behavior is the result of people believing // that when *specific activities*
　　　　　　　　　　　　　　　　　　　　　　　　　　　　의미상 주어　　V′　　　　　　　　　O′
are followed by *rewards,* / they are the cause of the positive reinforcement, / even
though this may not be true.

미신을 믿는 행동은 사람들이 믿는 결과이다 // 특정 활동에
뒤이어 보상이 올 때, / 그것이 긍정적인 강화의 원인이라고, / 비록
이것이 사실이 아닐지라도.

QUESTION ①
해설 | 〈A be followed B〉는 'A에 뒤이어 B가 오다(A → B)'의 의미이므로 먼저 일어난 일은 specific activities이다.

✔ 동명사 believing의 목적어인 that절이 문장 끝까지 이어진다. 이 that절은 〈when 부사절+주절(they are ~)+even though 부사절〉의
구조이다.

F·Y·I 긍정적 강화(positive reinforcement): 특정 행동 이후에 이어지는 보상 등 긍정적인 자극을 제시하면 해당 행동이 증가하거나
더욱 빈번하게 일어나게 되는 심리적 강화이다. 이와 대조되는 부정적 강화(negative reinforcement)는 특정 행동 이후에 싫어하는 자극
으로 인해 특정 행동을 하지 않게 되는 것이다.

---

373 The great explosion of scientific creativity in sixteenth-century Europe / was certainly
helped / by *the sudden spread of information* (**brought about** / **by** *Gutenberg's use of*
movable type in printing / and **by** *the legitimation of everyday languages,* // which
rapidly replaced Latin as the medium of discourse). – 모의

16세기 유럽에서 과학적 창의성의 엄청난 폭발적인 증가는 / 확실히 도움을 받았다
/ 갑작스러운 정보의 확산에 의해서 (야기된 / 구텐베르크의
인쇄술에서의 가동 활자의 사용에 의해 / 그리고 일상 언어의 인정에 의해, //
그리고 그것(일상 언어)은 이야기의 수단으로서 라틴어를 빠르게 대체했다).
↳ 16세기 유럽의 과학적 창의성의 폭발적인 증가는 갑작스러운 정보 확산의 도움을 받았는데, 그 정보의 확산은 구텐베르크의 가동 활자 사용과
라틴어를 대체한 일상 언어의 인정에 의해 야기되었다.

✔ the sudden spread of information brought about by ~에서 〈A be brought about by B (A가 B에 의해 야기되다)〉 구문이 과거
분사구가 명사를 수식하는 구조로 활용되었다. by 이하에는 B에 해당되는 두 가지 내용이 and로 병렬 연결되었다.
(← *The sudden spread of information* **is brought about by** *Gutenberg's use ~* and **by** the legitimation ~.)

✔ which 이하의 관계대명사절은 선행사 everyday languages를 보충 설명한다.

---

374 *The phenomenon* [that safety measures, (like mandatory wearing of seat belts),
contribute to careless driving] / **may be accounted for by** *the notion* [that a greater
sense of security tempts people to take more risks]. – 수능응용

현상은 [(안전띠 의무 착용과 같은), 안전 장치들이,
부주의한 운전의 원인이 되는] / 생각 때문일지도 모른다
[더 큰 안정감이 사람들에게 더 많은 위험을 감수하도록 부추긴다는].

QUESTION ①
해설 | 〈A be accounted for by B〉는 'A의 원인(이유)은 B에 있다'(A: 결과, B: 원인)로 해석되므로, ①이 결과, ②가 원인이다.

✔ that이 이끄는 두 개의 명사절(that ~ driving, that ~ risks)이 각각 The phenomenon, the notion과 동격을 이룬다.
✔ A contribute to B: A(원인)가 B(결과)의 원인이 되다[기여하다]

375 Before the modern scientific era, / *creativity* **was attributed to** *a superhuman force*; // all novel ideas originated with the gods. The Latin verb for "inspire" also means "breathe into," / reflecting // that creative inspiration was regarded as similar / to God first breathing life into man. – 모의응용

근대의 과학적인 시대 이전에, / 창의성은 초인적인 힘에 기인한 것으로 여겨졌는데, //
즉, 모든 새로운 생각은 신에게서 유래했다(고 여겨졌다). 'inspire(영감을 주다)'의 라틴어 동사는
'숨을 불어 넣다'를 의미하기도 한다. / 반영하면서 // 창의적인 영감이 비슷하다고 여겨졌음을 / 신이
인간에게 처음으로 생명을 불어 넣어 주는 것과.

SUMMARY from | 근대 이전에, 사람들은 모든 창의성이 신에게서 비롯되었다고 믿었다.

✔ A be attributed to B: A는 B에 기인하다. A의 원인(이유)은 B에 있다 (A: 결과, B: 원인)
✔ 세미콜론(;) 이후의 문장(all novel ideas ~ gods)은 앞의 내용을 보충 설명한다.
✔ 분사구문을 이끄는 reflecting의 목적어로 that절이 쓰였다.

---

376 *Some of the difference in longevity between species* / **is ascribed to** *the degree* [to which they manufacture their own antioxidants], // which absorb harmful materials / before they cause damage to their bodies.

(생물) 종들 간 수명 차이의 일부는 / (~의) 정도 때문이다
[그것들이 자신만의 노화 방지제를 생산하는], // 이는 유해 물질을 흡수한다 /
그것(유해 물질)이 신체에 해를 입히기 전에.

✔ A be ascribed to B: A는 B 때문이다. A의 원인(이유)은 B에 있다 (A: 결과, B: 원인)
✔ 관계사절 안에서 관계대명사가 전치사 to의 목적어로 쓰여서 to which와 같은 형태가 되었다.
  (← They manufacture their own antioxidants **to** the degree.)
✔ 콤마와 함께 계속적 용법으로 쓰인 which는 선행사 their own antioxidants를 보충 설명한다.

---

377 In general, / since the transition (from hunter-gatherer lifestyles to farming), / *the establishment of agriculture* **has been accompanied** / **by** *the domestication of cattle and other livestock.*

일반적으로, / (수렵 채집의 생활방식에서 농경으로의) 변화 이후, /
농업의 확립에 뒤이어 / 소와 그 외 가축의 사육이 왔다.

QUESTION ①
해설 | 〈A be accompanied by B〉는 'A에 뒤이어 B가 오다(A → B)'라는 의미이므로, 농업 확립에 이어 가축을 사육했음을 의미한다.

---

378 While *rainbows* **are often preceded by** *violent storms* [that might otherwise make us cold, wet, and uncomfortable], // looking up afterward to see an incredibly colorful arch in the sky / somehow makes us feel better.
                                          S

무지개에 앞서 종종 격렬한 폭풍우가 오지만 [그렇지 않으면 우리를
춥게 하고, 비에 젖게 하고, 불편하게 할지도 모르는], // 하늘에 있는 놀랍게도 화려한 아치 모양을 보기 위해 나중에 올려다보는 것은
/ 왠지 우리가 기분이 더 좋아지게 한다.

✔ A be preceded by B: A에 앞서 B가 오다 (B → A)
✔ While이 이끄는 부사절의 otherwise는 if there were not rainbows를 의미한다.

379 When infant mortality rates are high, // as they are in much of the developing world, // parents tend to have high numbers of children / to ensure / that some will

　　　　　　　　　　　　　S　　　V

survive to adulthood. There has never been *a sustained drop in birth rates* [that **was not first preceded by** *a sustained drop in infant mortality*]. – 경찰대

유아 사망률이 높을 때, // 대부분의 개발도상국에서 그런 것처럼,
// 부모들은 많은 아이를 낳는 경향이 있다 / 확실하게 하기 위해 / 일부 아이들이
성인이 될 때까지 생존할 것을. 출생률의 지속적인 하락이 있던 적은 없었다 [유아 사망률의 지속적인 하락이 앞서 일어나지 않았던].
　↳ 반드시 유아 사망이 지속적으로 먼저 하락해야 출생률도 지속해서 하락한다.

- 〈A be preceded by B: A에 앞서 B가 오다 (B → A)〉 구문에서 A는 관계대명사 that의 선행사인 a sustained drop in birth rates에 해당된다.
- 두 번째 문장은 〈부정어(never)+부정어(not)〉로 강한 긍정의 의미를 나타내는 이중부정(~하면 반드시 …한다) 구문이다.

　　　　　　　　　　　　　　　　　　　　　　　　　　　　　　　　(⇐ Unit 35 부정구문)

380 *The musician* **is survived by** *his wife, children, and countless music fans* (across the world) [to whom his iconic legacy will live on forever].

그 음악가는 그의 아내, 아이들, 그리고 (전 세계의) 수많은 음악 팬들을 남겨두고 먼저 죽었다
[(그들에게) 그의 우상적 유산이 영원히 남아있을].

- A be survived by B: A는 B를 (유족으로) 남겨두고 먼저 죽다
- to whom이 이끄는 관계대명사절의 선행사는 앞의 his wife, children, and countless music fans이다.

　(← His iconic legacy will live on forever to his wife, children, and countless music fans)

Move Forward

구조·구문편 | 길고 복잡한 문장에 대처하라

CHAPTER 10 과감히 건너뛰고 적극적으로 예측하라
CHAPTER 11 구문의 짝을 찾아라
CHAPTER 12 길고 복잡한 문장의 해결

UNIT **3 7** 부연 설명은 건너뛰어라

---

381 Once a bottle of perfume has been opened, // it becomes susceptible to *oxidation*, /

a process [that changes the chemical makeup, / and therefore the smell, (of the

perfume)].

일단 향수병이 열리면, // 그것은 산화에 영향을 받기 쉬워진다. /
과정인 [(향수의) 화학적 구성을 변화시키는 / 따라서 향을 (변화시키는)].

> **QUESTION** a process that changes the chemical makeup, and therefore the smell, of the perfume

- 콤마 뒤에 이어지는 a process 이하가 oxidation을 부연 설명하고 있다. that 이하는 선행사 a process를 수식하는 주격 관계대명사절이다.
- the chemical makeup과 the smell은 공통으로 of the perfume의 수식을 받는다.

---

382 Archaeologists have discovered *the bones of ten thousand wild horses* / at the bottom

of a cliff in France, / **the remains of herds (stampeded over the clifftop / by**

groups of cooperative and ingenious paleolithic hunters / seventeen thousand

years ago). – 사관학교

고고학자들은 1만 마리의 야생말들의 뼈를 발견했다 /
프랑스의 한 절벽 바닥에서, / 무리의 흔적인 (절벽 꼭대기 위로 우르르 몰린 /
협력적이고 재주 많은 구석기 시대의 사냥꾼 무리에 의해 / 1만 7천 년 전에).

> **QUESTION** the bones of ten thousand wild horses

- stampeded 이하는 herds를 수식하는 과거분사구이다.

---

383 *The famous expression*, / "Keep your friends close, but keep your enemies even

closer," / was exemplified well in *Nelson Mandela's attempt* (to learn *Afrikaans*, the

language of his enemy). – 모의

유명한 표현은 / '친구들을 가까이 두어라, 그러나 적들은 훨씬 더 가까이 두어라'라는,
/ 넬슨 만델라의 시도에서 좋은 예시가 되었다 (아프리칸스어를 배우려는,
적의 언어인).

- 콤마 뒤의 어구가 앞의 어구를 부연 설명하는 동격구문 두 개와 앞의 명사구를 부연 설명하는 동격의 to-v가 포함된 문장 구조이다.

384 *Geothermal heat*, **(generated inside the Earth)**, helps keep the temperature of the ground (at a depth of several meters) / at a nearly constant temperature of about 10°C to 20°C. – 모의

지열은, (지구 내부에서 발생하는데), 땅의 온도를 유지하는 데 도움을 준다
(수 미터 깊이에서) / 10도에서 20도 정도의 거의 일정한 온도로.

✔ 주어와 동사 사이에 콤마(,)로 삽입된 과거분사구(generated ~ Earth)는 주어 Geothermal heat에 대한 추가 정보를 제공한다.
✔ 전치사 of 앞뒤의 어구가 동격을 이룬다.

385 One factor (contributing to students' difficulty in making accurate judgments of their own knowledge) / is *hindsight bias*: / **the tendency (to assume // once something happens / that one knew all along / that it was going to happen).** – 모의

하나의 요인은 (자신의 지식에 대해 정확한 판단을 내리는 것에 관한 학생들의 어려움의 원인이 되는)
/ 사후 과잉 확신 편향이다 / 즉, 경향이다 (가정하는 // 일단 어떤 일이 일어나면
/ 자신이 처음부터 알고 있었다고 / 그것이 일어날 것을).

QUESTION contributing

해설 | 문장의 동사는 is이므로 One factor를 수식하는 준동사가 필요한 자리이다. One factor가 학생들의 어려움에 '기여하는, 원인이 되는' 것이므로 능동의 의미를 갖는 현재분사 contributing이 적절하다.

F·Y·I 사후 과잉 확신 편향(hindsight bias): 어떤 사건의 결과를 알고 난 뒤, 마치 처음부터 그 일의 결과가 그렇게 나타날 것임을 알고 있었던 것처럼 생각하는 인지적 오류를 말한다. '그럴 줄 알았어' 효과(knew-it-all-along effect)로 불리기도 하는 이 편향은 기억의 왜곡을 초래할 위험성이 있다.

386 Based on the findings of educational psychologists, / *guidance on teenagers' social media usage* was provided: // **parents should pay more attention to their children, // and teachers should inform them of the negative effects.**

교육 심리학자들의 조사 결과를 바탕으로, / 청소년들의 소셜 미디어 이용에 대한 지침이
제공되었다 // 즉, 부모들은 자녀들에게 더 많은 관심을 가져야 하고, //
교사들은 그들에게 부정적인 영향에 대해 알려주어야 한다.

387 *Every part of history is intimately interconnected with every other part / in such a way* [*that all melt imperceptibly into one another*]; // **no part of it would be quite as it is / without the preceding parts.**

역사의 모든 부분은 다른 모든 부분과 밀접하게 서로 관련되어 있다 / ~한 방식으로
[모든 것이 알아차릴 수 없게 서로에게 녹아드는] // (그래서) 역사의 어느 부분도 지금 그대로가 아닐 것이다
/ 앞선 부분들이 없다면.

QUESTION ① | ① 모든 역사가 축적되어 현재를 창조한다. ② 나라마다의 다른 역사들은 서로 비슷한 특성을 가지고 있다.

✔ 세미콜론(;)으로 연결된 뒤의 절이 앞 절의 내용을 부연 설명하고 있다.
✔ 세미콜론 이후 절의 과거형 조동사를 염두에 두고 문장을 해석해보면, without이 이끄는 전명구에 가정의 의미가 있음을 파악할 수 있다.
= ~; no part of it would be quite as it is, *if it were not for* the preceding parts.

388 Learned helplessness is based on *the underlying conviction* [that there is no connection, (no matter what you do or how much you try), (between your personal actions or abilities and the outcome or result)] / — *a belief* [that it doesn't matter **what you do // because it won't work anyway**].

학습된 무기력은 근본적인 확신에 바탕을 두고 있다 [관련성이 없다는
(무엇을 하더라도 또는 얼마나 노력하더라도),
(개인적 행동이나 능력과 성과나 결과 사이의)] / 즉, 믿음
[여러분이 무언가를 하는 것은 중요하지 않다는 // 어차피 효과가 없을 것이므로].

QUESTION connection

해설 | 학습된 무기력은 무엇을 하든, 얼마나 노력하든 개인적 행동이나 능력은 성과나 결과에 영향을 미치지 않을 것이라는 확신에 바탕을 두고 있다는 문맥이 자연스러우므로 '관련성이 없다'라는 맥락이 되도록 connection이 적절하다.

✔ 대시(—)로 연결된 a belief 이하는 the underlying conviction을 부연 설명한다.

✔ connection과 between your ~ or result 사이에 삽입절이 들어가서 수식받는 명사와 수식어구가 떨어져 있다.

---

389 *The so-called Mozart effect* (— **the theory** [that listening to Mozart will make your child smarter** —) / is a good example of a scientific finding (being distorted by the media / through hype (not warranted by the research)). – 모의

소위 모차르트 효과는 (즉, 이론 [모차르트 음악을 듣는 것이
아이를 더 똑똑하게 만들 것이라는) / 과학적 결론의 좋은 예이다 (매체에 의해 왜곡되는
/ 과장된 광고를 통해 (연구 조사로 뒷받침되지 않은)).

---

390 Researchers have long observed and recorded / birds building nests of different sizes and shapes [(**often becoming more elaborate as they matured**)], / suggesting // that there is some learning (involved in building nests).

연구자들은 오랫동안 관찰하고 기록해왔다 / 새들이 다양한 크기와 모양의 둥지를 짓는 것을
(그것들이 나이가 들어감에 따라 종종 더 정교해지는), / (그리고 이는) 암시한다 //
(둥지를 짓는 것과 관련한) 어떤 학습이 있다고.

QUESTION is

해설 | 여기서 suggesting 뒤의 that절의 내용이 당위성(~해야 한다)이 아닌 사실을 전하는 것이므로, that절의 동사는 《(should+)동사원형》으로 쓰지 않고, 인칭, 수, 시제에 일치시킨다. 따라서 is가 적절하다.

✔ 괄호로 묶인 often ~ matured는 문장 중간에 삽입된 정보이다. 이처럼 괄호는 동격처럼 앞에 나온 어구를 구체적으로 풀어서 설명하거나, 부수적인 정보를 추가로 제공한다.

UNIT 38 예시, 동격

391 By the early nineteenth century in England, / traditional concepts of marriage (— **such as** an alliance between families, a pairing on the basis of wealth or birth, or an arrangement made by parents —) / had been changed by the romantic notion of love.

19세기 초반 무렵 영국에서는, / 결혼의 전통적인 개념이
(집안 간의 결합, 부나 출신을 바탕으로 한 맺음, 혹은
부모님들에 의해 이루어진 합의와 같은) / 사랑이라는 낭만적인 개념에 의해 바뀌었다.

an alliance between families, a pairing on the basis of wealth or birth, or an arrangement made by parents

해설 | traditional concepts of marriage의 예시에 해당하는 such as에 이어지는 세 개의 명사구가 or로 병렬 연결되었다. such as, 대시(—), 괄호 등 예시를 나타내는 신호어들은 길게 설명 및 나열하거나, 과정을 묘사할 때 주로 쓰인다.

✔ **e.g.와 i.e.의 의미**
- 예시를 나타내는 신호어 e.g.: 라틴어 exempli gratia(예를 들자면)에서 왔으며 전문적 글쓰기에서는 예시 전체를 괄호 안에 넣고 e.g.,의 식으로 콤마를 붙인다.
- 동격구문의 신호어 i.e.: 라틴어 id est(즉, 다시 말하면)에서 온 that is의 약어이다. e.g.와 마찬가지로 전문적 글쓰기에서는 전체를 괄호 안에 넣고 i.e.,의 식으로 콤마를 붙인다.

---

392 Artists [who produce fine art] / must be sensitive to the laws of physics. A sculpture, **for example**, must be stable, // **which** requires the sculptor to understand / the properties of mass, weight distribution, and stress.

[순수 미술을 창작하는] 예술가들은 / 물리 법칙들에 민감해야 한다. 조각은,
예를 들어, 안정적이어야 한다, // (그리고) 그것은 조각가가 이해하기를 요구한다 /
질량, 무게 분포, 그리고 압력의 특성을.

QUESTION ① | ① 예술 작품을 창작하기 위해 물리 법칙을 적용하기 ② 물리 법칙을 이용하여 예술 작품 분석하기

해설 | 첫 번째 문장에서 예술가들은 물리 법칙에 민감해야 한다고 했으며, 두 번째 문장에서 이에 대한 예시로 예술가들이 작품을 만들기 위해 어떤 물리 법칙을 이해해야 하는지를 보여준다.

✔ which는 앞 절(A sculpture must be stable)을 선행사로 부연 설명하는 계속적 용법의 관계대명사이다.

---

393 Many doctors are now recommending a ritual [that other cultures, (**particularly** the Swedes and Finns), have long relied on] (— dry-heat saunas followed by cold showers —) / to restore the body externally and internally.

많은 의사들은 이제 풍습을 권하고 있다 [다른 문화가, (특히
스웨덴 사람들과 핀란드 사람들이), 오랫동안 의지해 온] (찬물로 하는 샤워가 뒤따르는 건열 사우나를)
/ 신체를 외적으로 그리고 내적으로 회복시키기 위해서.

✔ particularly, especially, in particular는 중요한 예시를 나타낸다.

---

394 Members of a group tend to avoid promoting viewpoints (outside *the comfort zone of consensus thinking*), // **which** may cause them to ignore individual doubts / for *fear of upsetting the group's balance*. – 모의응용

= members of a group

한 집단의 구성원들은 의견을 전개하는 것을 피하는 경향이 있다
(일치된 생각이라는 안전지대를 벗어난), // 이는 그들이 개인적인 의구심을 무시하게 할지도 모른다 /
집단의 균형을 어긋나게 하지 않으려고.

✔ 여기서 which는 앞 절을 선행사로 부연 설명하는 계속적 용법의 관계대명사이다.

---

395 In Chinese food, / *the idea* is [that food should be boiling hot, // because that is crucial to its flavor], / embodied in the phrase "wok hei," // **which means** the *"breath"* / or essence (of the combination of tastes (added by a hot wok)). – 모의

중국 음식에서, / 발상은 [음식이 펄펄 끓을 듯이 뜨거워야 한다, // 왜냐하면 그것이
음식의 풍미에 매우 중요하기 때문에], / '웍 헤이'라는 어구로 구체적으로 표현되는데, // 그것은 '숨결'을 의미한다 /
즉 ((뜨거운 냄비에 의해 첨가된) 맛들의 결합에서 나온) 진수를.

✔ the idea를 부연 설명하는 동격절 that food ~ flavor에 비해 술부 is가 매우 짧아서 동격절을 뒤로 보낸 형태이다.
✔ which means ~는 앞의 "wok hei"를 부연 설명한다.

396 When a company comes out with a new product, // its competitors typically go on the defensive, / doing whatever they can / to reduce *the odds* [that the offering will eat into their sales]. – 모의

한 회사가 신제품을 출시할 때, // 경쟁사는 일반적으로 방어 태세를 취한다.
/ 그들이 할 수 있는 무엇이든 하면서 / 가능성을 줄이기 위해서 [그 제품이
자신들의 매출을 거둘 낼].

✔ doing ~ their sales는 동시동작을 나타내는 분사구문이다.

---

397 Being able *to forgive*, (to let go of angry thoughts and feelings), / promotes the body's natural ability (to return from an aroused state to a normal state).

용서할 수 있는 것은, (즉 화나는 생각과 감정을 놓아 버리는 것), /
신체의 자연적인 능력을 향상시킨다 (흥분한 상태에서 정상적인 상태로 되돌아가는).

✔ to forgive와 to let go of angry thoughts and feelings는 동격이다.

---

398 Online / we can hang out in chat rooms with like-minded souls, / join social networks [that reflect our beliefs and interests], / and even read news blogs [that reflect our individual ideologies and views of the world]; // **that is**, groups are now formed / less on shared activities / and more on shared ideologies. – 모의응용

온라인으로 / 우리는 채팅방에서 뜻이 맞는 사람들과 어울릴 수 있고, / 소셜 네트워크에 가입할 수 있으며
[우리의 믿음과 흥미를 반영하는], / 뉴스 블로그를 읽을 수도 있다 [우리의
개인적인 이념과 세계관을 반영하는] // 즉, 이제 집단은 형성된다 /
공유된 활동에 의해서보다는 / 공유된 이념에 의해서 더.

> **QUESTION** that is

해설 | 앞에서 우리는 온라인으로 자신의 믿음, 흥미, 이념에 따라 어울릴 집단을 선택할 수 있음을 말하고, 뒤에서 앞에 나열된 내용을 정리
해서 다시 말하고 있으므로, '즉, 다시 말해서'라는 의미의 동격구문의 신호어인 that is가 적절하다.

---

399 Although whales are aquatic creatures, // they are mammals; // **in other words**, / they feed milk to their young / and are also warm-blooded.

고래가 수생 동물이기는 하지만, // 그것들은 포유류이다 // 다시 말해서, / 그것들은
새끼에게 젖을 먹이고 / 또한 온혈 동물이다.

✔ 고래가 포유류라는 앞 문장의 내용을 in other words 뒤에서 부연 설명하고 있다.

F·Y·I 온혈 동물: 기온과 관계없이 일정한 체온을 유지할 수 있는 동물을 일컫는 말로, 포유류와 조류가 이에 포함된다.

---

400 Before you give *advice*, (that is to say), advice [which you have not been asked to give], // it is well to put to yourself *two questions*, (namely), what is your motive for giving it, / and what is it likely to be worth?

당신이 조언을 하기 전에, (다시 말해서), [해달라고 요청받지 않은] 조언인,
// 자신에게 두 가지 질문을 하는 것이 좋다, (즉), 조언을 하려는 동기가 무엇인가,
/ 또 그것이 어떤 가치가 있겠는가? 라는.

> **QUESTION** what is your motive for giving it, what is it likely to be worth

✔ that is (to say), namely는 동격을 나타내는 어구로 '즉', '다시 말해서'라는 의미이다.
✔ it is well to put ~에서 it은 가주어이며 to put 이하가 진주어이다.

401 Anxiety, / **which is overly zealous mental preparation (for an anticipated threat),** / is disastrous cognitive interference // when it captures all your attention / and intrudes on all other attempts (to focus elsewhere). –수능응용

불안은, / 지나치게 열성적인 정신적 준비인데 (예상된 위협에 대한), /
파괴적인 인지 방해이다 // 그것이 당신의 모든 관심을 붙들 때 / 그리고
다른 모든 시도를 방해할 때 (다른 곳에 집중하려는).

FILL-IN ②

해설 | 당신의 모든 관심을 붙들고 다른 곳에 집중하려는 시도를 방해한다고 했으므로 '인지적 방해'라는 의미의 (cognitive) interference가
적절하다.

✔ which ~ threat의 계속적 용법의 관계사절이 Anxiety를 부연 설명한다.
✔ when이 이끄는 절의 주어인 it은 Anxiety를 가리킨다.

UNIT 39 정보 추가 vs. 강조

402 Many scientists believe // that *clues* (to much of Earth's origins), / (**as well as** many other answers (to life on our planet)), / may lie within the unexplored ocean depths.

많은 과학자들은 믿는다 // (지구 기원에 대한 상당수의) 단서들이, /
((우리 행성의 생명체에 대한) 여러 다른 해답들뿐만 아니라), / 탐험되지 않은 바다 깊숙한 곳에 있을지도 모른다고.

QUESTION clues to much of Earth's origins

✔ B as well as A: A뿐만 아니라 B도 (또 다른 사항 단순 추가)

403 The total characteristics of a plant depend on // which genes it has received from the parent plants, (whether those genes are "switched on" (expressed)), / and also the interactions (between the genes and environmental factors).

식물의 전체적인 특징은 ~에 의해 결정된다 // 그 식물이 모체 식물로부터 어떤 유전자를 받았느냐에 의해,
(그 유전자의 '스위치가 켜졌든지' (형질이 발현되었든지) 아니든지 간에), / 그리고 또한
상호 작용에 의해 (유전자와 환경적인 요인 간의).

✔ depend on의 목적어로 which genes ~ (expressed)와 also를 덧붙인 the interactions ~ factors가 병렬 연결되었다.

404 In convenience stores, / consumers can quickly find an array of goods (— bread, milk, tissues, aspirin), / **as well as** several "efficient" self-serve items (such as coffee, sandwiches, microwavable instant food, etc).

편의점에서, / 소비자들은 다수의 상품을 빠르게 찾을 수 있다 / (빵, 우유,
화장지, 아스피린과 같은), / 몇몇 '효율적인' 셀프서비스 품목뿐만 아니라 (커피,
샌드위치, 전자레인지로 조리할 수 있는 즉석식품 등과 같은).

✔ bread, ~ aspirin은 바로 앞의 an array of goods의 예시이다.
✔ as well as를 통해 an array of goods에 덧붙여 다른 항목인 several "efficient" self-serve items가 추가 언급되었고, 이에 대한 예시
로 coffee ~ instant food, etc가 나열되었다.

405 Cost of production seems, on the surface, to be a useful element to economic analysis. **Furthermore,** / noneconomists relate well to the concept of cost of production, // while supply functions, input demand functions, and other important issues / are less obvious concepts. – 경찰대응용

표면적으로, 생산비는 경제 분석에 유용한 요소로 보인다.
더욱이, / 비경제 전문가들은 생산비의 개념을 잘 이해한다. // 반면,
공급 함수, 투입 수요 함수 및 다른 중요한 문제는 /
(비전문가에게) 덜 분명한 개념이다.

✔ further(more): 더욱이, 게다가

406 A process of critique and argumentation engages all scientists. They examine things (for example, each other's ideas) / and look for flaws; // **moreover,** / science has established a formal mechanism of peer review (for establishing the credibility of any individual scientist's work).

비평과 논증의 과정은 모든 과학자를 참여시킨다. 그들은 ~것들
(예를 들어, 서로의 생각)을 검토하고 / 결함을 찾는다 // 게다가, / 과학은
공식적인 동료 평가 방법을 구축했다 (어떤 개별 과학자의 연구에 대해서도 신뢰성을 확립하기 위하여).

✔ moreover: 더욱이, 게다가

407 If you know how to give yourself time (to rest well without worries), // you can get ready to keep on working, / and **what is more,** / you can improve the quality of your work.

자신에게 시간을 주는 방법을 안다면 (걱정 없이 잘 쉬는). // 당신은
일을 계속할 준비를 할 수 있고, / 더욱이, / 업무의 질을 높일 수 있다.

✔ what is more: 더욱이, 더군다나 (추가되는 사항을 앞선 내용보다 더 강조하는 경우)

408 Loneliness is clearly related to impaired mental health / and carries a significant social stigma **as well,** // as the social perceptions of lonely people are generally unfavorable.

외로움은 정신 건강의 손상과 분명히 관련이 있고 / 상당한 사회적 낙인 또한 수반한다.
// 외로운 사람들에 대한 사회적 인식이 일반적으로 부정적이기 때문에.

✔ ~ as well: ~도 또한, 역시
✔ 두 번째 as는 이유를 나타내는 접속사이다.

409 A teacher is a role model (influencing every facet of the students' growth / and developing their innate potentials). **Besides,** / the teacher of today is also responsible / for enabling and empowering the learner to emerge as a competent youth.

교사는 본보기이다 (학생들의 성장의 모든 측면에 영향을 주고 /
그들의 타고난 잠재력을 개발하는). 게다가, / 오늘날의 교사는 책임도 있다 /
학습자가 유능한 청년이 되도록 하며 힘을 실어주는 데.

✔ besides: 게다가, 또한
✔ enabling and empowering은 전치사 for의 목적어로 쓰인 동명사이며, enabling 이하는 〈동사(enabling and empowering)+목적어 (the learner)+목적격보어(to emerge ~)〉의 구조이다.

410 It goes without saying // that any estimate of a modern novel is valueless / unless it is based on knowledge (of the great works of the past); // but at the same time / it is no use estimating the value of the great works of the past // unless it is based on knowledge (of the novels of the present). **In fact,** / all literary work, (both of the past and of today), / exists // as if it were in an eternal present. − 경찰대응용

(~은) 말할 필요도 없다 // 현대 소설에 대한 어떠한 평가도 가치가 없다는 것은 /
그것이 지식에 기반을 두고 있지 않는 한 (과거의 위대한 작품들에 대한) // 그러나 동시에 /
과거의 위대한 작품들의 가치를 평가해도 소용없다 // 그것이 지식에 기반을 두고 있지 않는 한
(현재의 소설에 대한). 사실은, / 모든 문학 작품은, (과거와 현재의 것 둘 다),
/ 존재한다 // 마치 영원한 현재에 있는 것처럼.

- it goes without saying that ~: ~은 말할 필요도 없다
- it is no use v-ing: v해도 소용없다
- in fact[as a matter of fact, actually]: 사실은, 실은 (강조하는 내용을 이끌면서, 앞선 내용에 대한 자세한 설명을 덧붙임)
- as if 뒤에 were가 나와 주절의 시제와 동일한 때를 나타내는 가정법 과거가 쓰였다.

411 It has been claimed // that no specific knowledge, or experience is required / to attain insight in the problem situation. **As a matter of fact,** / one should break away from experience / and let the mind wander freely. − 모의응용

(~이) 주장되어 왔다 // 어떤 특정한 지식이나 경험도 요구되지 않는다고 /
문제의 상황에서 통찰력을 얻기 위해서는. 사실은, / 경험으로부터 벗어나
/ 마음이 자유로이 거닐도록 해야 한다.

SUMMARY existing | 기존 지식을 피하는 것이 해결책을 찾는 데 도움이 된다.

- It은 가주어, that 이하의 명사절이 진주어이다.

412 Many people know // that one can experience stress while traveling. However, / research has found // that the most common stressful travel experiences / were **actually** related to pre-travel issues and planning, (such as financial concerns, packing, making travel arrangements, and developing the itinerary).

많은 사람들은 안다 // 여행 중에 스트레스를 경험할 수 있다고. 하지만, / 연구는 밝혔다
// 가장 흔한 스트레스가 많은 여행 경험은 / 사실은
여행 전의 문제와 계획을 세우는 것과 관련 있음을. (재정 문제, 짐 꾸리기,
여행 준비하기, 그리고 여행 일정 짜기와 같은).

- such as 뒤에 and로 병렬 연결된 어구들은 pre-travel issues and planning의 예시에 해당한다.

U N I T
4 0 비교, 대조를 나타내는 연결어

413 Wood carving is most successful // if it is in harmony with the preexisting grain and knots of the wood. **In a similar fashion,** / learning is most successful // if it takes into account the preexisting behavior structures of the organism. − 사관학교

나무를 조각하는 것은 가장 성공적이다 // 그것이 나무의 기존의 결과 옹이와 조화를 이룰 때.
같은 방식으로, / 학습은 가장 성공적이다 //
그것이 유기체의 기존 행동 체계를 고려할 때.

QUESTION ①

해설 | 나무를 조각하는 것이 가장 성공적일 때는 기존의 나뭇결과 옹이가 조화를 이룰 때이고, 학습이 가장 성공적일 때는 유기체의 기존 행동 체계를 고려할 때라는 유사한 내용이 연결되므로 In a similar fashion이 적절하다.

414 When you avoid what you fear for a short time, // your fear does decrease. Over a longer period, **however**, avoidance allows the anxiety to flourish, / paradoxically growing your fear. −사관학교응용

두려워하는 것을 잠깐 동안 피할 때, // 두려움은 정말 줄어든다.
그러나, 더 오랜 기간에 걸쳐, 회피하는 것은 불안감이 자라나게 하며, / 역설적으로
두려움을 증가시킨다.

QUESTION ②
해설 | 두려운 대상을 회피하는 것에 대한 단기간 결과와 장기간 결과의 상반되는 내용이 연결되므로, however가 적절하다.

✔ does는 일반동사 decrease의 의미를 강조한다.
✔ growing your fear는 결과를 나타내는 분사구문이다.

415 Today, products (like food containers, cigarette lighters, contact lenses, and even cameras) / have become throwaways. **Similarly**, / clothing and accessories are perishable / in the sense [that once they are out of style // their usefulness expires].

−사관학교응용

오늘날, 제품들은 (식품 용기, 담배 라이터, 콘택트렌즈, 그리고 심지어
카메라와 같은) / 쓰고 버리는 물건들이 되었다. 유사하게, / 옷과 액세서리들은
영구적이지 않다 / ~라는 점에서 [일단 유행이 지나면 // 그것들의 유용성이 사라진다는].

QUESTION perishable
해설 | 나열된 제품들이 쓰고 버리는 물건들(throwaways)이 되었다는 첫 번째 문장과 유사한 내용을 연결하는 연결어 Similarly로 시작하고 있다. 따라서 throwaways와 같은 맥락으로 네모 안은 perishable이 적절하다. permanent는 '영속하는, 영구적인'이라는 의미이다.

✔ in the sense that ~: ~라는 점에서, ~라는 의미에서

416 Parts of human nature [that seem negative] / can be turned to the common good, / such as our tendency to imitate, // which leads people to follow a leader's example. **Likewise**, / qualities such as selfishness / can be a powerful driving force // if channeled correctly.

인간 본성의 일부분은 [부정적으로 보이는] / 공익이 될 수 있다. /
모방하려는 우리의 경향과 같은, // 그리고 그런 경향은 사람들이 지도자의 본보기에 따르도록 이끈다.
마찬가지로, / 이기심과 같은 특성은 / 강력한 원동력이 될 수 있다 // 적절하게 전해지면.

✔ if와 channeled 사이에는 〈S+be〉인 they(= qualities) are가 생략되었다.

417 Most beliefs can be tested to see // if they are correct or false. **However**, / some types of beliefs cannot be tested // because we cannot get external evidence in our lifetimes / (such as a belief [that the Earth will stop spinning on its axis by the year 9999 // or] that there is life on a planet 100-million light-years away]). −모의응용

대부분의 믿음은 확인하기 위해 시험될 수 있다 // 믿음이 옳은지 그른지를. 하지만, / 몇몇 종류의
믿음은 시험될 수 없다 // 우리가 평생 외적 증거를 얻을 수 없기 때문에 /
(믿음 같은 [9999년경에는 지구가 자전하는 것을 멈출 것이라는 // 또는
1억 광년 떨어진 행성에 생명체가 있다는]).

QUESTION However
해설 | 대부분의 믿음이 시험될 수 있다(can be tested)는 앞 문장의 내용과 몇몇 믿음은 시험될 수 없다(cannot be tested)는 뒤 문장의 내용이 상반되므로, However가 적절하다.

✔ if they ~ false는 to see의 목적어 역할을 하는 간접의문문 형태의 명사절이다.

418 Unlucky people tend to be creatures of routine. **In contrast**, / many lucky people try to introduce variety into their lives, / boosting the likelihood of opportunities.

불운한 사람들은 일상의 노예가 되는 경향이 있다. 그와 대조적으로, / 많은 운 좋은 사람들은
그들의 삶에 변화를 가져오려 노력하며, / 기회의 가능성을 높인다.

- in contrast: 그에 반해서, 그와 대조적으로
- boosting 이하는 연속적인 동작이나 상태를 나타내는 분사구문이다.

419 When a child takes an IQ test, // his or her results are compared / with the results of tests (taken by other children of the same age). An adult's test results, **on the other hand**, / are compared with the results of all other adults, / not just adults of the same age.

아이가 IQ 검사를 받을 때, // 그 아이의 결과는 비교된다 / 검사의 결과와
(같은 연령의 다른 아이들이 받은). 반면에, 성인의 검사 결과는,
/ 다른 모든 성인의 결과와 비교된다. / 단지 같은 연령의 성인들만이 아니라.

- on the other hand: 반면에, 다른 한편으로는

420 Some people go vegan or become a meditator / to get the longevity benefits of healthy habits. **In fact**, / a healthy life is attainable for many of us / with just a few small changes [that aren't especially hard to do / — and won't make you miserable]. –경찰대응용

어떤 사람들은 채식주의자가 되거나 명상가가 된다 / 건강한 습관으로 인한 장수의 혜택을 얻기 위해서.
사실, / 건강한 삶은 우리 중 많은 이들이 달성할 수 있는 것이다 / 몇 가지 작은 변화만으로
[하기에 특별히 어렵지 않고 / 여러분을 고생스럽게 만들지 않을].

TOPIC **Minor** | 사소한 변화만으로도 건강한 삶에 충분하다.
해설 | 두 번째 문장에서 건강한 삶은 특별히 어렵지 않은 작은 변화만으로 달성할 수 있다고 했으므로, '사소한(minor)' 변화가 건강한 삶에 충분하다는 것이 적절하다.

- in fact는 '사실은, 실제로'라는 뜻으로 앞선 내용에 자세한 내용을 덧붙이는데도 쓰이지만, 반대되는 내용을 강조할 때도 쓰인다. 여기서는 반대되는 내용을 연결하고 있다.

421 To reconstitute democracy / in line with our present situation, / we need to challenge the frightening, but false, assumption [that increased diversity automatically brings increased tension and conflict in society]. **Indeed**, / the exact reverse can be true. The reality is, // conflict in society is not only necessary, / it is, (within limits), desirable.
–사관학교응용

민주주의를 재구성하기 위해서는 / 현 상황에 맞게, / 우리는
놀랍지만 잘못된 가정에 이의를 제기할 필요가 있다 [다양성의 증가가 자동으로
사회에 긴장과 갈등의 증가를 불러일으킨다는]. 실은, / 정반대가 사실일 수 있다.
현실은 ~이다, // 사회의 갈등은 필요할 뿐만 아니라, / (어느 정도까지는) 바람직하다는 것.

TOPIC **develop** | 사회의 다양성과 갈등은 민주주의를 발전시킨다.
해설 | 다양성의 증가가 사회의 긴장과 갈등을 증가시킨다는 것은 잘못된 가정이라고 하며, 마지막 문장에서 어느 정도까지의 갈등은 바람직하다고 했으므로, 사회의 다양성과 갈등은 민주주의를 '발전시킨다(develop)'는 것을 알 수 있다.

- indeed: 사실은, 실은
- 마지막 문장에서 문맥상 it is 앞에 but also가 생략되었다. it은 conflict in society를 가리킨다.

it ~ to-v[that]

422 Is **it** socially desirable or acceptable / **to change** certain genes (of a normal human
S(가주어)   S'(진주어)
individual) / to alter or enhance traits?

(~은) 사회적으로 바람직하거나 받아들일 만한가 / 특정한 유전자를 변형하는 것은 (정상적인 한 인간 개체의)
/ 특성을 바꾸거나 강화하기 위해서?

> **QUESTION** to change certain genes of a normal human individual to alter or enhance traits

해설 | it은 가주어이고, 뒤에 나오는 to change ~ enhance traits가 진주어이다.

423 The invention of the microscope made **it** possible / for scientists **to learn** more about
O(가목적어)   O'(진목적어)
what causes diseases.

현미경의 발명은 (~을) 가능하게 만들었다 / 과학자들이
무엇이 질병을 유발하는지에 대해 더 많이 알게 되는 것을.

> **QUESTION** to learn more about what causes diseases

해설 | it은 가목적어이고, 뒤에 나오는 to learn ~ diseases가 진목적어이다.

✔ for scientists는 to learn ~의 의미상 주어이다.
✔ what 이하는 about의 목적어 역할을 하는 간접의문문 형태의 명사절이다.

424 More than any other development, / |it has been| *the exceptionally rapid growth of*
computer technology // |that| has changed every aspect of our lives.

다른 어떤 발달보다도, / 바로 컴퓨터 기술의 매우 빠른 성장이다
// 우리 삶의 모든 면을 변화시켜 온 것은.

> **QUESTION** the exceptionally rapid growth of computer technology

해설 | it has been과 that 사이의 주어가 강조되고 있다.

✔ 가주어 구문 〈it ~ that ...〉과 강조구문 〈it is ~ that ...〉의 구별
it is[was]와 that을 제외한 나머지 어구로 완전한 문장이 되면 강조구문이다.
e.g. **It was** true **that** Tom broke the record. ((가주어 구문)) Tom이 그 기록을 깬 것은 사실이었다.
　　 It was *Tom* **that** broke the record. ((강조구문)) 그 기록을 깬 것은 바로 Tom이었다.
it is[was]와 that 사이에 부사구가 오면 강조구문, 형용사가 오면 가주어 구문인 경우가 많다.

425 |It is| *careful planning, not luck,* // |which| results in chances (to nurture a new or
unique idea [that takes you to the next level in your life]).

바로 행운이 아니라 신중한 계획이다, // 기회를 가져오는 것은 (새롭거나 독특한 생각을 키울 수 있는
[여러분을 인생의 다음 단계로 나아가게 하는]).

> **QUESTION** which

해설 | 〈it is ~ that ...〉 강조구문에서 강조되는 주어가 사물이므로 that 대신 which가 쓰였다.

✔ chances를 수식하는 to부정사구(to nurture ~ life) 내에서 that 이하는 주격 관계대명사절로 a new or unique idea를 수식한다.

426 It goes without saying / **that** preparation is the key to any negotiation // and **it** is no
S₁(가주어)　　　　　　　　　　　　　　　　S′₁(진주어)　　　　　　　　　　　S₂(가주어)

surprise / **to find** / that the most successful negotiators are more prepared / than
S′₂(진주어)

unsuccessful negotiators.

(~은) 말할 필요도 없다 / 준비가 어떤 협상에서든 핵심이라는 것은 // 그리고 (~은) 놀랍지 않다
/ 아는 것은 / 가장 성공적인 협상가들이 더 많이 준비되어 있다는 것을 /
성공적이지 않은 협상가들보다.

☑ it goes without saying that ~: ~은 말할 필요도 없다 (= It is needless to say that ~)

---

427 It is true / **that** intelligent students would undoubtedly score high in memory
S₁(가주어)　　　　　　　　　　　　　　　　　　　S′₁(진주어)

functions, // but **it** is doubtful / **whether** they are also fluent in producing creative ideas.
S₂(가주어)　　　　　　　　S′₂(진주어)

(~은) 사실이다 / 지능이 높은 학생들이 기억력에서 확실히 높은 점수를 받을 것은,
// 그러나 (~은) 불확실하다 / 그들이 창의적인 아이디어를 내는 데에도 능숙한지는.

---

428 Every man [who knows how to read] has **it** in his power / **to magnify** himself, /
O(가목적어)　　　　　　　O′(진목적어)

to multiply the ways [in which he exists], / **to make** his life full, significant, and

interesting. ―Aldous Huxley ((英 작가))

[글을 읽을 줄 아는] 모든 사람은 (~을) 할 수 있다 / 자기 자신을 과장하는 것, /
[자신이 존재하는] 방식을 늘리는 것, / 삶을 충만하고, 의미 있고, 흥미롭게 만드는 것을.

☑ it은 가목적어이고, 진목적어로 세 개의 to부정사구 to magnify ~, to multiply ~, to make ~가 병렬 연결되었다.

---

429 Though some people have felt / that only the lonely play with imaginary playmates, //

the research makes **it** very evident / **that** $\boxed{\text{it is}}$ *often the highly superior and imaginative*
O(가목적어)　　　　　　　　　O′(진목적어)

child / $\boxed{\text{who}}$ invents these creatures. ―수능응용

비록 어떤 사람들은 (~라고) 생각해왔지만 / 외로운 사람들만이 가상의 놀이 친구와 논다고, //
연구 조사는 (~을) 아주 분명히 한다 / 바로 많은 경우에 매우 우수하고
상상력이 풍부한 아이라는 것을 / 이런 존재들을 만들어내는 아이는.

☑ makes it very evident that ~에서 it은 가목적어, that 이하가 진목적어이다.
☑ 진목적어로 쓰인 명사절에 〈it is ~ that[who] ...〉 강조구문이 쓰여, 주어인 often the highly superior and imaginative child가 강조되고 있다.

---

430 $\boxed{\text{It was}}$ *patterns in the organized and regular motions (of stars and other celestial*

objects) / $\boxed{\text{that}}$ ancient humans tried to recognize, // just as present-day scientists search

for patterns and trends (in natural phenomena). ―모의응용

바로 조직화되고 규칙적인 움직임에 있는 패턴이었다 (별과 다른 천체들의)
/ 고대인들이 알아내려고 했던 것은, // 꼭 오늘날의 과학자들이
(자연 현상에서의) 패턴과 경향을 찾는 것처럼.

☑ 〈It was ~ that ...〉 강조구문에서 recognize의 목적어인 patterns ~ objects가 강조되고 있다.
☑ just as: 꼭 ~처럼
My hometown remained **just as** I remembered it. (고향은 **꼭** 내가 기억하는 것**처럼** 남아있었다.)

431 *What* is it // that makes us uneasy (about accepting credit for something wonderful [we have done])? We feel proud of our accomplishments and our skills, // but we don't know how to take credit for them gracefully.

바로 무엇인가 // 우리를 불편하게 만드는 것은 ([우리가 해낸] 멋진 일의 공로를 받아들이는 것에 대해)?
우리는 우리의 업적과 능력에 자부심을 느낀다. // 그러나 우리는
그것들에 대한 공로를 적절하게 받는 방법을 모른다.

✔ 〈it is ~ that ...〉 강조구문에서 의문사 what이 강조되고 있다.

432 Thomas Edison was looked upon as a fool by his teachers, // and it was *only because his mother inspired him to believe /* that *one day he would do something great /* that he became the man [he was].

토머스 에디슨은 그의 선생님들에게 바보로 여겨졌다. // 그리고 바로 오직
그의 어머니가 그에게 믿도록 격려했기 때문이었다 / 언젠가 그가 대단한 어떤 것을 하게 될 것이라고 /
그가 [그인] 사람이 된 것은 (→ 그가 그런 사람이 된 것은).
↳ 선생님들은 토머스 에디슨을 바보로 여겼지만, 에디슨이 위대한 발명가가 된 것은 바로 그의 어머니가 그가 언젠가는 대단한 일을 할 것이라고 그로 하여금 믿게 했기 때문이었다.

QUESTION ① | ① 에디슨은 그의 어머니가 그 자신을 믿게 했기 때문에 성취를 이뤘다. ② 에디슨이 자신이 대단한 일을 할 것이라고 믿은 후 에디슨의 선생님은 그를 바보 취급했다.

✔ 첫 번째 that은 believe의 목적어 역할을 하는 명사절을 이끄는 that이고, 두 번째 that은 it was와 함께 강조구문에 쓰인 that이다.

UNIT 42 짝을 이루는 접속사

433 In small villages, / everyone, in a sense, becomes a judge; // in such societies, / social disapproval of people's activities can serve / both as powerful punishment for / and as strong deterrent to crime. —경찰대

작은 마을에서는, / 어떤 의미에서, 모두가 재판관이 된다 // 그런 사회에서, /
사람들의 행동에 대한 사회적인 반대는 작용할 수 있다 / (범죄에) 대한 강력한 벌로서 /
그리고 범죄에 대한 강한 제지 수단으로서.

QUESTION and
해설 | both A and B: A와 B 둘 다

✔ 〈both A and B〉로 연결되는 부분의 전치사 for, to는 모두 crime을 공통 목적어로 한다.

434 When two people communicate or work together, // only one of two possibilities will result: // either the more negative person will lower the spirits of the more positive person, // or the more positive person will somehow lift the spirits of the other. —EBS 응용

두 명이 의사소통하거나 함께 일할 때, // 두 가지 가능성 중 하나만 일어날 것이다.
// 즉, 더 부정적인 사람이 더 긍정적인 사람의 사기를 떨어뜨릴 것이다.
// 또는 더 긍정적인 사람이 어떻게든 다른 사람의 사기를 높일 것이다.

✔ 〈either A or B (A와 B 둘 중 하나)〉 구문에서 A와 B에 각각 절이 쓰였다.

435 **Not only** are batteries at risk of giving off toxic gases / if damaged, // **but** core ingredients (such as lithium and cobalt) are finite / and extraction can lead to water pollution and depletion / among other environmental consequences. – 경찰대응용

배터리는 유독 가스를 방출하는 위험이 있을 뿐만 아니라 / 손상되면, //
(리튬, 코발트와 같은) 핵심 재료는 한정되어 있다 / 그리고 추출은
수질 오염과 고갈을 초래할 수 있다 / 다른 환경적 영향들과 함께.

QUESTION are batteries

해설 | 부정어구가 문장 맨 앞에 오면 《(조)동사+주어》의 어순으로 도치가 일어난다. 부정어구 Not only가 맨 앞에 왔으므로 주어와 동사 (are)가 도치되었다.

☑ not only A but (also) B: A뿐만 아니라 B도
☑ if와 damaged 사이에 〈주어+be동사〉인 they(= batteries) are가 생략되었다.

436 Children should never be "required" to learn the name of anything / in their study of nature, // but the name should be used **so** often and **so** naturally in their presence / **that** they will learn it / without being conscious of the process. – 모의응용

아이들은 결코 어떤 것의 이름도 외우도록 '요구 받아서는' 안 된다 / 자연을 공부할 때.
// 하지만 그 이름은 아이들 앞에서 아주 빈번하고 아주 자연스럽게 사용되어야 한다
/ 아이들이 그것을 외울 정도로 / 그 과정을 의식하지 않은 채로.

TOPIC unconscious | 아이들을 위한 무의식적 학습의 필요성

해설 | 아이들이 과정을 의식하지 않은 채로 배울 정도로 이름이 빈번하고 자연스럽게 사용되어야 한다고 했으므로 '무의식적' 학습의 필요 성이 적절하다.

☑ 〈so+형용사[부사]+that ... (…할 정도로 ~한)〉 구문에서 〈so+부사〉인 so often과 so naturally가 and로 병렬 연결되었다.

437 Human beings have unlimited wants, // and resources (available in nature), / which should be used to meet those human wants, / are limited. That is, / there is never **such** a complete time // **that** a human being is satisfied and not in need of anything.

인간은 무한한 욕구를 가지고 있으며, // (자연에서 이용 가능한) 자원은. /
그런 인간의 욕구를 충족시키는 데 사용되어야 하는데, / 제한되어 있다. 즉, /
완전한 때는 결코 없다 // 인간이 만족하여 아무것도 필요로 하지 않을 정도로.

QUESTION satisfied

해설 | 인간의 욕구는 끝이 없고 이 욕구를 채워줄 자원은 제한되어 있다는 내용이다. 따라서 아무것도 필요로 하지 않고 '만족하는' 완전한 때는 결코 존재하지 않음을 시사하므로 satisfied가 적절하다.

☑ such(+a/an)(+형용사)+명사+that ...: …할 정도로 ~한

438 **No sooner** had we learned a new idea or technique // **than** another one came along and replaced or enhanced / what we had learned.

우리가 새로운 아이디어나 기술을 습득하자마자 // 또 다른 것이 나타나서
대체하거나 향상했다 / 우리가 배웠던 것을.

☑ 〈no sooner ~ than ...(~하자마자 …하다)〉에서 no sooner 뒤에는 대개 과거완료(had p.p.)가 오며, 이때 than 뒤에는 과거시제를 쓴다. 부정어구인 no sooner가 문장 맨 앞에 오면 〈had+S+p.p.〉로 어순이 도치된다.
☑ =As soon as we *learned* a new idea or technique, another one came along ~.
☑ what we had learned는 동사 replaced와 enhanced의 공통 목적어로 쓰인 관계대명사절이다.

439 Scarcely had Arthur Conan Doyle begun publishing Sherlock Holmes stories // when an avid fan base sprang up / — the beginning of an international following.

Arthur Conan Doyle이 셜록 홈스 소설을 출판하기 시작하자마자 //
열렬한 팬층이 나타났고 / 이는 국제적인 추종자들의 시초였다.

- hardly[scarcely] ~ when[before] ...: ～하자마자 …하다
- = *As soon as* Arthur Conan Doyle *began* publishing Sherlock Holmes stories, an avid fan base sprang up ~.
- 대시(—) 이하는 an avid fan base sprang up을 부연 설명한다.

440 As reading (without discussion) can fail to yield / the full measure of understanding [that should be sought], // so discussion (without the substance [that good and great books afford]) / is likely to degenerate / into little more than an exchange of superficial opinions. - 경찰대

(토론이 없는) 독서가 낳지 못할 수 있는 것처럼 / [추구되어야 할] 충분한 이해를,
// 토론은 ([좋고 훌륭한 책들이 제공하는] 내용이 없는)
/ 전락할 가능성이 있다 / 깊이 없는 의견 교환에 불과한 것으로.

SUMMARY mutual | 독서와 토론은 상호적인 관계이다.

- (just) as ~, so ...: (꼭) ～인 것처럼 …하다
- little more than: ～에 불과한, ～에 지나지 않는

441 Just as there has never been a day [that did not give way to night] or a storm [that lasted forever], // so we move back and forth on the pendulum of life / — the day and the night, the good and the bad, etc.

[밤으로 바뀌지 않은] 낮이나 [영원히 지속된] 폭풍이 결코 없었던 것처럼,
// 우리는 인생이라는 시계추 위에서 앞뒤로 움직인다 /
낮과 밤, 선과 악 등으로.

- of로 연결된 the pendulum과 life는 동격 관계이다.
- 대시(—) 이하는 we move back and forth on the pendulum of life를 부연 설명한다.

442 Just as you cannot explain a thought to someone / if you did not fully understand that thought, // neither can you translate or interpret something / without mastery of the subject matter (being relayed).

누군가에게 어떤 생각을 설명할 수 없듯이 / 그 생각을 완전히 이해하지 않았다면,
// 어떤 것도 역시 해석하거나 설명할 수 없다 /
(전달되고 있는) 주제에 대해 숙달하고 있지 않으면.

- neither[nor]+V+S: S도 역시 그렇지 않다
- being relayed는 앞의 명사 the subject matter를 수식하는 현재분사구이다.

443 Every society needs heroes, // and every society has them. Some heroes shine in the face of great adversity, / performing amazing deeds in difficult situations; // others do their work quietly, / unnoticed by most of us, / but making a difference in the lives of other people. -수능

모든 사회는 영웅들을 필요로 하고, // 모든 사회에는 영웅들이 있다. 어떤 영웅들은
큰 역경에 직면하여 돋보인다, / 어려운 상황에서 놀라운 행동들을 수행하면서 // 다른 이들(영웅들)은
조용히 자신의 일을 한다, / 우리 대부분에게 주목되지 않은 채로, / 그러나 다른 이들의 삶에 변화를 일으키면서.

QUESTION others

✔ some ~ others ...: 어떤 것[사람]은 ~, 다른 것[사람]은 …
✔ 세미콜론(;) 앞뒤 문장에 모두 분사구문이 쓰였다. 앞 문장의 performing ~은 동시[연속] 상황을 나타내는 분사구문이다. 뒤 문장에는 두 개의 분사구문(unnoticed ~, making ~)이 접속사 but으로 병렬 연결되었다. 첫 번째는 수동 분사구문이고, 두 번째는 능동 분사구문이다.

444 Geniuses are too much superior to those around them / to be understood at once; // and their books, music, statues, or pictures are usually too superior / to be quickly appreciated.

천재들은 그들의 주변 사람들보다 너무나 뛰어나서 / 한 번에 이해될 수 없다
// 그리고 그들의 저서, 음악, 조각상, 혹은 그림은 대개 너무 뛰어나서 / 진가를 빨리 인정받지 못한다.

QUESTION to be understood, to be quickly appreciated
해설 | too ~ to-v: 너무 ~해서 v할 수 없는, v하기에는 너무 ~한

445 There is an ongoing debate / in the field of emotional intelligence: // some scholars see emotional intelligence as a set of skills [that can be taught and learned], // while others say / it is largely inborn.

논쟁이 계속되고 있다 / 정서 지능의 분야에서 // 어떤 학자들은
정서 지능을 일련의 기술로 본다 [가르쳐지고 학습될 수 있는], // 하지만 다른 학자들은
말한다 / 그것은 대체로 타고나는 것이라고.

446 The important difference (between technology and magic) / is not that technology works and magic does not, // but that one deals with what we understand, / while the other ∨ with what still remains a mystery.

(과학 기술과 마술 사이의) 중요한 차이는 과학 기술은 /
유효하고 마술은 그렇지 않다는 것이 아니라, // 한쪽(= 과학 기술)은 우리가 이해하는 것을 다루는데, / 반면에
다른 한쪽(= 마술)은 여전히 미스터리로 남아있는 것을 다룬다는 것이다.

QUESTION the other
해설 | ⟨one ~ the other ...⟩는 '(둘 중) 한쪽은 ~, 다른 한쪽은 ...'이라는 의미로 짝을 이루는 표현이다.

✔ 문맥상 one은 앞에 나오는 technology, the other은 나머지 한쪽, 즉 magic을 가리킨다.
✔ 보어 자리에 ⟨not A but B(A가 아니라 B인)⟩ 구문이 쓰여 A와 B 자리에 that절이 병렬 연결되었다.
✔ ∨ 자리에는 반복되는 deals가 생략되었다.
✔ 두 개의 what절은 모두 (deals) with의 목적어 역할을 하는 관계대명사절이다.

447 There is an inseparable relation **between** diligence **and** success. **The former** is the cause // and **the latter** is the effect.

근면과 성공 사이에는 불가분의 관계가 있다. 전자는 원인이고
// 후자는 결과이다.

- between A and B: A와 B 사이에
- the former = diligence, the latter = success

448 When setting goals, // it is recommended / that the goals be difficult **enough to be a challenge**, / yet realistic **enough to achieve**. The key is to balance the gap (between the status quo and the goal).

목표를 세울 때, // (~이) 권고된다 / 목표가 도전이 될 수 있을 만큼 어려우면서도,
/ 성취할 수 있을 만큼 현실적이어 한다는 것이. 핵심은 격차의 균형을 맞추는 것이다
(현재의 상황과 목표 사이의).

- ~ enough to-v: v할 수 있을 만큼 ~한
- 제안을 나타내는 동사 recommended 뒤의 that절이 당위성을 나타내므로, that절의 동사는 《(should+)동사원형》의 형태로 쓰였다.

449 Volunteers are **so** vital a part (of the nation's economy, social atmosphere, and overall well-being), / **as to** relieve a huge burden from the public sector / and ∨ create a cooperative atmosphere in the community. —사관학교응용

자원봉사자들은 매우 필수적인 부분이어서 (나라의 경제, 사회적 분위기, 그리고 전반적인 복지에서),
/ 공공 부문에서 큰 부담을 덜어 준다 / 그리고
지역 사회에 협력의 분위기를 형성한다.

- so ~ as to-v: v할 만큼 ~한, (매우) ~해서 v하다
- 여기서 so는 부사로서 형용사 vital을 앞에서 수식하며 《so+형용사+a/an+명사》의 형태로 쓰였다.
- to relieve ~와 create ~는 등위접속사 and로 병렬 연결되었다. ∨ 자리에는 to부정사의 to가 반복되어 생략되었다.

450 Some physicians propose // that there is no direct relationship (**between** the severity of the wound **and** the intensity of pain), / but that the meaning [our minds give to an injury] / greatly determines the level of pain. —모의응용

몇몇 의사들은 말한다 // 직접적인 관계가 없다고
(상처의 심각함과 고통의 강도 사이에는), / 하지만 [우리의 마음이 상처에 부여하는] 의미가
/ 고통 수준을 크게 결정한다고.

- between A and B: A와 B 사이에
- 《There+V+S》에서 V에는 be, exist, live, lie, remain, stand, occur 등의 동사가 주로 온다.
- propose의 목적어 역할을 하는 that이 이끄는 두 개의 명사절이 but으로 병렬 연결되었다.

451 In a tour of over 10 different galleries and art spaces, / the visitors will see everything / **from** new and unconventional street art **to** classic pieces of art (displayed in the local museum).

10개가 넘는 서로 다른 미술관과 전시 공간의 방문에서, / 방문객들은 모든 것을 볼 것이다 /
새롭고 독특한 거리 미술에서 (지역 박물관에 전시된) 고전 미술 작품까지.

- from A to B: A에서 B까지

452 I wish // I hadn't **spent** so much energy (when I was younger) / **trying** to please those [whose opinions never mattered].

좋을 텐데 // 내가 그렇게 많은 에너지를 쓰지 않았더라면 (내가 더 어렸을 때) /
[의견이 전혀 중요하지 않은] 사람들의 기분을 맞춰 주려고 노력하는 데.

✔ spend+시간[돈]+(in) v-ing: v하는 데 시간[돈]을 쓰다
✔ 과거 사실과 반대로 소망하는 가정법 과거완료 〈S+wish〉가 쓰였다.

UNIT 44 특정 전명구를 동반하는 동사

453 We abuse land // because we **regard** it **as** a commodity (belonging to us). When we **see** land **as** a community [to which we belong], // we may begin to use it with love and respect. —Aldo Leopold ((美 작가))

우리는 땅을 함부로 사용한다 // 왜냐하면 우리가 땅을 (우리에게 속한) 것으로 여기기 때문에.
땅을 [우리가 속한] 공동체로 볼 때, // 우리는 사랑과 존중으로 땅을 사용하기 시작할지도 모른다.

QUESTION as

해설 | 동사 regard, look upon, think of, view, see 등은 뒤에 전치사 as를 동반하며, 〈regard[look upon] A as B〉의 형태로 'A를 B로 여기다'의 뜻을 나타낸다.

✔ it은 모두 land를 가리킨다.

454 Perfection, or **the attribution of** that quality **to** celebrities, / creates a perceived distance [that the general public cannot relate to] / — making those [who never make mistakes] perceived / as being less attractive or likable. —모의응용

완벽성, 혹은 유명인들에게 그 자질(완벽성)이 있다고 생각하는 것은, / 인지된 거리감을 만든다
[일반 대중들이 공감할 수 없는] / [실수를 전혀 저지르지 않는] 사람들을 인식되게 만들며
/ 덜 매력적이거나 덜 호감이 가는 사람들로.
↳ 완벽성은 일반 사람들에게 거리감을 느끼게 하여, 실수를 전혀 저지르지 않는 완벽한 사람들은 덜 매력적이거나 호감이 가지 않는 사람들로 인식되게 한다.

QUESTION to

해설 | 〈attribute A to B (A(자질, 성질 등)가 B에게 있다고 생각하다, A를 B에 속하게 하다)〉가 여기서는 '그 자질이 유명인들에게 있다고 생각하는 것'을 의미하므로 명사구를 사용하여 〈attribution of A to B〉로 쓰였다. 따라서, 빈칸에는 전치사 to가 알맞다.

✔ that quality는 앞의 Perfection을 가리킨다.

455 Even though it has become fashionable / to **view** the differences (between men's and women's minds) / **as** social in origin, // the temptation (to seek an explanation) / in terms of inborn differences between the sexes / remains strong.

비록 (~이) 유행하는 것이 되기는 했지만 / (남성과 여성의 사고방식 사이의) 차이를 여기는 것이
/ 사회에서 기원한 것으로, // (설명을 찾고 싶어 하는) 유혹은 /
성별 간의 선천적인 차이의 관점에서 / 강하게 남아 있다.

↳ 비록 남성과 여성 간의 사고방식의 차이는 사회적인 것으로 여기는 게 대세가 되기는 했지만, 성별 간의 선천적인 차이라는 관점에서 설명을 찾고자 하는 유혹은 여전히 강하게 남아 있다.

- ✔ view A as B: A를 B로 여기다
- ✔ Even though가 이끄는 부사절에서 it은 가주어이고 to view ~ in origin이 진주어이다.
- ✔ even if 다음에는 미래에 대한 가정의 내용이 이어지고, even though 다음에는 이미 일어난 사실의 내용이 이어진다.
  Even if you did very well in this examination, you still wouldn't get your degree this year.
  (네가 이번 시험을 매우 잘 쳤다 하더라도((**미래에 대한 가정**)), 여전히 올해에 학위를 딸 수 없을 것이다.)
  Even though you have done very well in this examination, you should still work hard.
  (네가 이번 시험을 매우 잘 쳤더라도((**이미 일어난 사실**)), 여전히 열심히 공부해야 한다.)

456 **Keep** your self-doubt and fear of failure / **from** holding you back from giving your dreams a shot / by pushing yourself to take action.

자기 회의와 실패에 대한 두려움이 하지 못하게 하라 / 당신이 꿈을 시도해 보는 것을 망설이게
/ 행동을 취하도록 스스로를 밀어붙임으로써.

- ✔ keep[prevent, stop, discourage] A from v-ing: A가 v하지 못하게 하다

457 Rushing through a lot of complex content / **robs** most students in class **of** the time [they need to engage deeply with the novel ideas], / leaving little chance of recall.

많은 복잡한 내용들을 서둘러 다루는 것은 / 학급의 대부분의 학생들에게서 시간을 빼앗는다
[그들이 새로운 생각에 깊이 관여하는 데 필요한], / 그래서 기억해 낼 기회를 거의 남기지 않는다.

TOPIC negative | 빠른 학습의 부정적인 영향

- ✔ rob[deprive] A of B: A에게서 B를 빼앗다
- ✔ leaving 이하는 결과를 나타내는 분사구문이다.

458 **Deprived of** oxygen, / the body's cells malfunction and die; // **deprived of** information, / the organization's individuals and departments cannot work properly. To avoid malfunction and massive failure in the organization, / it's important to keep communicating.

산소를 공급받지 못하면, / 몸의 세포는 제대로 기능하지 않고 죽는다 // 이처럼, 정보를 제공받지 못하면, /
조직의 개인과 부서는 제대로 기능할 수 없다.
조직 내의 기능 부전과 대규모 실패를 막기 위해서, / 의사소통을 계속하는 것이 중요하다.

- ✔ deprive A of B: A에게서 B를 빼앗다
- ✔ Deprived of oxygen = If they(= the body's cells) are deprived of oxygen
- ✔ deprived of information = if they(= the organization's individuals and departments) are deprived of information

459 You can map out your goals / and tape them to the refrigerator // so you're **reminded of** both / what you want to accomplish / and how you're getting there.

여러분은 목표를 계획해서 / 냉장고에 붙여놓을 수 있다 // 그러면 둘 다 상기할 수 있다
/ 달성하고자 하는 것과 / 어떻게 달성하고 있는지를.

- ✔ remind[inform, convince] A of B: A에게 B를 상기시키다[알리다, 확신시키다]
- ✔ of의 목적어로 두 개의 명사절(what ~ accomplish, how ~ there)이 〈both A and B〉 구문으로 병렬 연결되었다.

460 Ultimately in science, / new ideas will take root // only if you can **convince** your colleagues / **of** the validity of your results.

궁극적으로 과학에서, / 새로운 아이디어는 뿌리를 내릴 것이다 // 여러분이 동료들을 설득할 수 있을 때만
/ 결과의 타당성을.

✔ convince A of B: A에게 B를 확신시키다

461 Too often we **limit** our employment opportunities / **to** what we're familiar with // and we do not dare to think about trying training in a completely new field.

너무 자주 우리는 우리의 취업 기회를 제한한다 / 우리에게 친숙한 것으로 // 그래서
우리는 완전히 새로운 분야에서 교육받는 것을 시도할 엄두를 내지 못한다.

✔ limit A to B: A를 B로 제한[한정]하다

462 Chewing leads to smaller particles for swallowing, / and more exposed surface area (for digestive enzymes to act on). In other words, / it means / the **extraction of** more fuel and raw materials **from** a mouthful of food. — 모의

씹는 것은 삼키기 위한 더 작은 조각들에 이르게 한다 / 그리고 더 노출된 표면적에
(소화 효소가 작용할). 다시 말해서, / 그것(씹는 것)은 의미한다 /
한입의 음식에서 더 많은 에너지원과 원료를 추출하는 것을.
↳ 씹는 행위를 통해 삼키기 위한 더 작은 음식물과 소화 효소가 작용할 수 있는 더 넓은 표면이 만들어진다. 즉, 이는 음식물 한입에서 더 많은
연료와 원료를 뽑아내는 것을 의미한다.

✔ extraction of A from B: B로부터 A를 추출하는 것 (extract A from B: B에서 A를 뽑아내다, 추출하다)

UNIT
4 5

관계사절이 여러 개 들어간 복잡한 문장

463 One thing [I know] is // that the only ones among you [who will be really happy]
are those [who will have sought and found how to serve]. – Albert Schweitzer ((슈바이처))

[내가 아는] 한 가지는 ~이다 // 여러분들 가운데서 [진정으로 행복할] 유일한 사람들은
[어떻게 봉사할 것인가를 찾고 알아낸] 사람들이라는 것이다.

> **QUESTION** 위의 구문 해설 참고.

✔ 관계사절을 [ ]로 묶으면 문장의 구조를 파악하기가 쉬워진다. 세 개의 선행사와 관계사절 중 선행사 the only ones와 관계사절은 서로 떨어져 있다.
✔ how to serve는 have sought와 (have) found의 공통 목적어이다.

464 Music can transport you / to that wonderful holiday, that perfect relationship, that
great night out, or anytime [when you were in a situation [where you enjoyed
yourself]].

음악은 당신을 데려갈 수 있다 / 멋진 휴일, 완벽한 인간관계,
근사한 저녁 외출, 또는 어느 때로든 [당신이 [즐거웠던] 상황이었던].

> **QUESTION** [when you ~ yourself], [where you enjoyed yourself], 선행사는 각각 **anytime, a situation**
> 해설 | 명사를 수식하는 관계사절 속에 또 다른 절이 포함되어 있을 수 있으므로, 관계사절의 수식 범위를 잘 파악해야 한다. 위 문장에서 when이 이끄는 절 전체는 anytime을 수식하고, where가 이끄는 절은 추상적 공간 개념인 a situation을 수식한다.

465 When I entered the museum, // the first thing [that caught my eye] / was a colorful
painting (consisting of traditional patterns, / which were illustrated with geometric
figures).

내가 그 박물관에 들어섰을 때, // [내 눈길을 끌었던] 첫 번째 것은 / 다채로운 그림이었다
(전통적인 문양으로 구성된, / 그리고 그것(전통적인 문양)에는 기하학적 도형이 그려졌다).

✔ a colorful painting을 수식하는 현재분사구(consisting ~)에 traditional patterns를 보충 설명하는 〈콤마(,)+관계사절(which ~ figures)〉이 포함된 구조이다.

466 You can get away from envy / by enjoying the pleasures [that come your way], / by
doing the work [that you have to do], / and by avoiding comparisons with those
[whom you imagine, (perhaps quite falsely), to be more fortunate than yourself].

– Bertrand Russell ((英 철학자))

당신은 질투에서 벗어날 수 있다 / 기쁨을 누림으로써 [당신에게 오는], /
일을 함으로써 [당신이 해야 하는], / 그리고 사람들과의 비교를 피함으로써
[당신이 당신보다 더 운이 좋다고 (아마도 매우 잘못) 생각하는].

✔ by가 이끄는 전명구 by enjoying ~, by doing ~, by avoiding ~ 세 개가 and로 병렬 연결된 구조이다.

467 Unless an actor speaks and moves / in *the manner* [in which *the imaginary character* [whose part he or she is playing] would do], // it will be hard for the audience to feel immersed in the story. – 모의응용

배우가 말하거나 움직이지 않는다면 / 방식으로
[[자신이 배역을 연기 중인] 그 가상의 인물이 할 법한], // 관객들이 그 이야기에 몰입감을 느끼기는 어려울 것이다.
↳ 배우는 자신이 배역을 맡아 연기하는 가상의 인물이 할 것 같은 방식으로 연기해야 관객들이 극의 내용에 몰입하기 쉬울 것이다.

✔ the manner를 수식하는 관계사절 안에 the imaginary character를 선행사로 하는 소유격 관계대명사절이 포함된 구조이다.

468 One school of modern economic theory argues // that people give to charities / in part because of *the pleasure* [they get ● / either from imagining the relief of *those* [they benefit] / or from their own relief (from alleviating their sympathetic distress)]. – 모의응용

현대 경제 이론의 한 학파는 주장한다 // 사람들이 자선을 베푼다고 /
부분적으로는 기쁨 때문에 [그들이 얻는 / [자신이 도움이 되는] 사람들의 고통 완화를 상상하는 것으로부터
/ 혹은 자기 자신의 고통 완화로부터 (자신의 동정 어린 괴로움을 완화하는 것에서 오는)].
↳ 현대 경제 이론의 한 학파가 주장하기를, 사람들이 자선을 베푸는 부분적인 이유는 자신이 도움이 되는 사람들의 고통 완화나, (그렇게 함으로써) 그들에 대한 동정심으로 인한 자신의 괴로움을 완화하는 데서 얻게 되는 기쁨 때문이다.

TOPIC donate to | 사람들이 자선단체에 기부하는 이유에 대한 이해

✔ the pleasure를 수식하는 목적격 관계대명사절((that[which]) they get ~ distress) 안에 those를 수식하는 목적격 관계대명사절((that[whom]) they benefit)이 포함된 구조이다.
✔ either A or B: A이거나 B (A와 B 둘 중 하나)

469 Our modern society should provide appropriate education or training sessions / for a sufficient number of *people* [who possess the technical skill (required to maintain and develop *the numerous devices* [upon which our convenience depends])].

현대 사회는 적절한 교육 혹은 훈련 과정을 제공해야 한다 /
충분한 수의 사람들을 위한 [전문적인 기술을 소유하는
([우리의 편리함이 달린] 수많은 장치를 유지하고 개발하는 데 필요한)].

✔ people을 수식하는 관계사절(who ~ depends) 안에 the numerous devices를 수식하는 관계사절(upon which ~)이 포함된 구조이다.

470 Confirmation bias is a term (for how the mind systematically avoids confronting contradiction / by overvaluing *evidence* [that confirms what we already think or feel] / and undervaluing or simply disregarding *evidence* [that refutes it]). – 수능응용

확증 편향은 ~에 대한 용어이다 (정신이 모순에 직면하는 것을 조직적으로 회피하는 방법
/ 증거를 과대평가함으로써 [우리가 이미 생각하거나 느끼는 것을 확인시켜주는]
/ 그리고 증거를 과소평가하거나 단순히 무시함으로써 [그것을 반박하는]).

QUESTION ①

해설 | confirmation bias(확증 편향)는 자기 생각을 뒷받침하는 증거를 믿고, 그렇지 않은 것은 무시하는 방식이라고 했다. 따라서 사실 여부를 떠나 가짜 뉴스가 영향력을 갖는 현상은 confirmation bias의 예라고 할 수 있다.

✔ 관계부사 how가 이끄는 긴 절(how the mind ~ refutes it) 안에 두 개의 evidence를 각각 수식하는 관계사절이 포함된 구조이다.
✔ ⟨by v-ing (v함으로써)⟩에서 v-ing에 해당하는 동명사구 overvaluing ~ feel과 undervaluing ~ refutes it이 접속사 and로 병렬 연결되었다.
✔ 마지막 단어인 it은 앞서 언급된 what we already think or feel을 가리킨다.

471 The phrase "emotional labor" refers to / *a situation* [**where work-related entities regulate** *the way* [**a person manages his or her emotions**] / **in order to shape the state of mind of another individual, (such as a customer)**].

'감정 노동'이라는 어구는 ~을 일컫는다 / 상황 [업무와 관련된 것이
[사람이 자신의 감정을 관리하는] 방식을 통제하는 /
(예를 들어 고객과 같은) 다른 사람의 마음 상태를 형성하기 위해].

✔ 추상적 공간 개념인 a situation(상황)을 선행사로 하는 관계부사절(where ~ a customer) 안에 선행사 the way를 수식하는 관계부사절
((that) a person ~ emotions)이 포함된 구조이다.

F·Y·I 감정 노동(emotional labor): 업무를 하는 과정에서 노동자가 직무를 하기 위해 자신의 감정을 통제하고 고객에게 맞추는 감정적인
노동을 의미한다. 전화 상담원, 은행원, 점원 등 고객을 직접 응대하는 서비스직에서 과도한 감정 노동으로 인한 정신적, 신체적 스트레스가
발생하고 있어, 현대 사회의 문제점 중 하나로 언급되고 있다.

---

472 "Yellow journalism" sometimes took the form of gossip about public figures, / as well as about *socialites* [**who considered themselves private figures**], / and even about *those* [**who were not part of high society** / **but had found themselves involved in** *a scandal, crime, or tragedy* [**that journalists thought would sell papers**]]. − 모의

'황색 저널리즘'은 때때로 공인들에 대한 가십의 형태를 취했다. /
사교계 명사들뿐만 아니라 [스스로를 사적인 인물로 여긴], /
그리고 심지어 사람들에 대한 [상류 사회에 속하지 않지만 /
스캔들, 범죄 또는 비극적인 일에 연루된 [기자들이 생각하기에 신문을 잘 팔리게 할]].

✔ B as well as A: A뿐만 아니라 B도
✔ socialites를 who ~ figures가 수식하고, those를 who ~ papers가, 그 안의 a scandal, crime, or tragedy를 that ~ papers가
수식한다.
✔ 관계대명사 that이 이끄는 관계사절에는 〈S+V〉 구조의 journalists thought가 삽입되었다.

UNIT
46 비교구문과 결합한 복잡한 절

473 If all mankind minus one were of one opinion, / and only one person were of the contrary opinion, // mankind could be no more justified / in silencing that one person, / than he, (if he had the power), would be justified / in silencing mankind.

− John Stuart Mill ((英 철학자))

비록 한 사람을 제외한 모든 인류가 같은 의견일지라도, / 그리고 한 사람만이
의견이 반대될지라도, // 인류는 정당화될 수 없다 / 그 한 사람을 침묵시키는 것에 있어
/ (비록 그가 권력을 가지고 있다고 하더라도) 그가 정당화되지 않는 것과 마찬가지로 / 인류를 침묵시키는 것에 있어.

QUESTION ①

✔ A no more ~ than B: A는 B와 마찬가지로 ~아니다(A가 ~이 아닌 것은 B가 ~이 아닌 것과 같다) (= A not ~ any more than B)
(≪ Unit 32)

✔ 여기서 두 개의 if는 '비록 ~일지라도'라는 의미로 쓰였다. (= even if) 양보의 의미를 나타내며 현재의 일을 가정하는 가정법 과거구문이다.

F·Y·I 자유론(On Liberty): 경제학자 존 스튜어트 밀이 쓴 시민의 자유를 논한 고전적 저서. 사상과 양심의 자유, 취미 및 탐구의 자유,
단결의 자유를 들어 자유에 관한 사상을 서술하고, 19세기 중엽의 자유를 둘러싼 문제점을 논술한 고전적 명저로 평가된다.

474 How interested people are in their work, / how much control (they feel) they have over their work, / and how much support they get from their employer // are collectively much **more important** in predicting job satisfaction / **than** are their salaries.

사람들이 자기가 하는 일에 얼마나 흥미를 갖고 있는가, / (그들이 느끼기에)
그들이 자신의 일에 얼마나 많은 통제력을 갖고 있는가, / 그리고 그들이 고용주로부터 얼마나 많은 지지를 얻는가 //
직업 만족도를 예측할 때 총체적으로 훨씬 더 중요하다 / 급여보다.

✔ 주어는 how가 이끄는 세 개의 의문사절이고 동사는 are이다.
✔ than 뒤에서 주어와 동사가 도치되었다. 비교구문에 쓰인 as와 than 뒤에서는 선택적으로 도치가 일어날 수 있다.

475 Generally speaking, / **the more** uncertain of success or easily sidetracked you are, // **the more** likely it is / that you will do an assignment or chore later. ─모의응용

일반적으로 말해서, / 성공에 대해 확신할 수 없거나 쉽게 곁길로 샐수록, //
(~할) 가능성이 더 크다 / 과제나 하기 싫은 일을 나중에 할.

✔ the+비교급 ~, the+비교급 ...: (더) ~할수록 더 ⋯하다(~하면 할수록 더욱 ⋯하다)
✔ it은 가주어이고, that you will ~ later가 진주어이다.
✔ **분사구문의 관용적 표현**
  분사구문의 의미상 주어가 일반인인 경우에는 생략되는데, 아래 표현들은 대개 관용적인 표현으로 사용된다.
  • generally[frankly, strictly, roughly] speaking ~: 일반적으로[솔직히, 엄격히, 대략적으로] 말해서
  • granting[admitting] (that) ~: 가령[설사] ~라 하더라도, ~이기는 하나
  • judging from ~: ~로 판단하건대[미루어 보아]
  • talking[speaking] of ~: ~에 관해 말하자면

476 In reality, *the people* [who are most different from us] / probably have the most (to teach us). **The more** we surround ourselves / with *people* [who are the same as we are], [who hold the same views], **and** [who share the same values], // **the greater** *the likelihood* [that we will shrink as human beings / **rather than** grow]. ─수능응용

현실에서, [우리와 가장 다른] 사람들이 / 아마도 (우리에게 가르칠) 것이 가장 많다.
우리 자신을 더 많이 에워쌀수록 / 사람들로 [우리와 똑같은],
[같은 견해를 지닌], 그리고 [같은 가치관을 공유하는], //
가능성이 더 크다 [우리가 인간으로서 움츠러들 / 성장하기보다].
↳ 우리가 같은 견해와 가치관을 가진 사람들하고만 소통한다면 우리는 성장하기보다는 움츠러들 것이다.

✔ as는 the same과 함께 쓰일 때 the same을 수식하는 관계대명사처럼 쓰여 '~하는, ~와 같은'으로 해석한다.
✔ rather than은 shrink와 grow를 비교한다.

477 It's **not** the failures **nor** wrong decisions / that define us // **so much as** how we respond to our life challenges, / growing to become better people, and learning to bounce back.

실패도 잘못된 결정도 아니다 / 우리를 정의하는 것은 // 오히려
우리가 삶의 어려움에 어떻게 대응하는가이다. / 더 나은 사람으로 성장하고, 회복하는 법을 배우며.

✔ 〈it is ~ that〉 강조구문으로 주어인 not A nor B(A도 B도 아닌) 형태의 부정어구가 강조되었다.
✔ not A so much as B: A라기보다는 오히려 B (= B rather than A)
✔ 동시동작을 나타내는 분사구문 growing ~과 learning ~이 and로 병렬 연결되었다.

478 In conversation, / one is likely to find out certain things about another person, / not so much from what that other person says / as from how he or she says it, // for the speaker cannot avoid giving the listener clues (about where they come from or what sort of people they are).

대화에서, / 누구나 상대방에 관한 어떤 사실들을 알아낼 것이다, /
그 상대방이 무엇을 말하는지보다는 / 오히려 그 사람이 어떻게 말하는지로부터, //
왜냐하면 말하는 사람은 듣는 이들에게 단서를 주는 것을 피할 수 없기 때문이다 (그들이 어디서 왔는지 또는 그들이 어떤 사람들인지에 대한).

QUESTION ② | ① 대화 내용과 방법이 화자를 나타낸다. ② 말하는 내용이 아니라 말하는 방식이 자신이 어떤 사람인지를 전달한다.

해설 | 'A라기보다는 오히려 B'라는 의미의 〈not so much A as B〉 구문을 사용하여 '말하는 방식(from how he or she says it)'이 자신이 어떤 사람인가를 나타낸다고 말하고 있다.

✔ not so much A as B = not A so much as B: A라기보다는 오히려 B인
✔ 여기서 for은 '왜냐하면'이라는 의미의 접속사로 쓰였다.

479 The great use of school education / is not so much to teach you lots of different pieces of knowledge / as to teach you the art of learning, // so you can apply that art for yourself / to any matter [you will face in later life].

학교 교육의 뛰어난 유용성은 / 당신에게 서로 다른 지식의 단편들을 많이 가르쳐 주는 것이라기보다는
/ 오히려 배우는 기술을 가르쳐 주는 것이다. // 당신 스스로 그 기술을 적용할 수 있도록
/ 어떤 문제에든 [당신이 훗날 직면할].

✔ 두 개의 to부정사구 to teach ~가 문장의 보어 역할을 한다.
✔ so (that)+S´+can ~: S가 ~할 수 있도록

480 Science consists / not in the collection of varied facts (any more than the random piling up of stones is architecture) / — but in the detection (of the principles [which relate even the most dissimilar and abnormal facts to each other] / and of the order [which combines the parts into a whole]).

과학은 ~에 있다 / 다양한 사실들의 수집이 아니라 (무작위로
돌멩이를 쌓은 것이 건축물이 아닌 것과 마찬가지로) / 발견에 (원리들의
[가장 다르고 이례적인 사실들조차도 서로 연관 짓는] / 그리고
질서의 [부분들을 전체로 결합하는]).

↪ 돌멩이를 아무렇게나 쌓은 것이 건축물이 아닌 것과 마찬가지로, 과학은 다양한 사실들의 수집에 있는 것이 아니라, 가장 다르고 이례적인 사실들조차도 서로 연관 짓는 원리들과 부분들을 전체로 통합하는 질서를 발견하는 데 있다.

✔ A not ~ any more than B: A는 B와 마찬가지로 ~아니다(A가 ~이 아닌 것은 B가 ~이 아닌 것과 같다) (= A no more ~ than B)
✔ 〈not A but B(A가 아니라 B)〉 구문과 〈A not ~ any more than B〉 구문이 결합한 문장이다.
✔ Science consists ┌ not in the collection ~ is architecture
　　　　　　　　　└ but in the detection ┌ of the principles ~ each other
　　　　　　　　　　　　　　　　　　　　　　　　and
　　　　　　　　　　　　　　　　　　　　　　└ of the order ~.

481 No single flower is so universally known, / so closely connected with the culture of many civilizations, / and so rich in poetic and mythological significance / as the rose.

어떤 단 하나의 꽃도 보편적으로 알려져 있지 않고, / 여러 문명의 문화와 밀접하게 연관되지 않고,
/ 시적이고 신화적인 의미가 풍부하지 않다 / 장미만큼.

↪ 모든 꽃 중에 가장 보편적으로 알려져 있고, 여러 문명의 문화와 가장 밀접하게 연관되고, 시적이고 신화적인 의미가 가장 풍부한 꽃은 바로 장미이다.

TOPIC meaningful | 장미는 세상에서 가장 의미 있는 꽃이다.

✔ 〈부정어 ~ so[as] 원급 ~ (as A)〉로 부정어와 함께 쓰인 원급이 최상급 의미를 나타낸다. so ~ 세 개가 병렬 연결된 구조이다.

482 Changes in employment may bring advantages in many ways. Yet they also come with some disadvantages, // the most outstanding of which is the fact [that one is **never as** efficient in a new position, a new environment, and among new associates, // **as** he is / where he is familiar with the details of his work / and has the confidence of his associates]. −사관학교응용

직장의 변화는 다양한 방법으로 이점을 가져올 수 있다. 하지만 그것은
몇 가지 단점도 함께 오는데, // 그중 가장 눈에 띄는 것은 사실이다
[사람은 새로운 직위, 새로운 환경, 그리고 새로운 동료들 사이에서 결코 효율적이지 않다는, //
그 사람이 효율적인 것만큼 / 일의 세부 사항에 익숙한 곳에서 / 그리고 동료들의 신뢰가 있는 곳에서].

SUMMARY less efficient | 이직은 직원들이 새 직장에서 덜 효율적이게 한다.

- the most outstanding of which 이하는 some disadvantages를 선행사로 보충 설명하는 계속적 용법의 관계대명사절이다.
- the fact 다음의 that 이하는 the fact의 동격절이다.
- as he is 뒤에는 반복되는 efficient가 생략되었고, where 이하는 장소를 나타내는 부사절이다.

UNIT 47 특수구문과 결합한 복잡한 절

483 **It is** *when you are going through your most difficult experiences* // **that** you must draw on your ability to control your mind / and have faith [that the difficulty [you face] / is simply part of the process [that will inevitably bring you through to your goal]].

바로 당신이 가장 힘든 경험을 하고 있을 때이다 // 당신이
마음을 통제하는 능력에 의지하고 / 믿음을 가져야 하는 때는 [[당신이 맞닥뜨리는] 어려움이
/ 단순히 과정의 일부라는 [당신을 반드시 목표로 도달하도록 해줄]].

QUESTION when you are going through your most difficult experiences
해설 | 부사절 when ~ experiences가 강조되고 있다.

- 동격절 안의 you face는 the difficulty를 선행사로 하는 관계대명사 which[that]가 생략된 목적격 관계대명사절이고, that will inevitably ~ goal은 the process를 선행사로 하는 주격 관계대명사절이다.

484 **Such** has been the effect of materialism // **that** it tends to be believed by many,
　　　　C　　V　　　　S　　　　　　　　　　　　　　　　S′(가주어)
(rather uncritically), / that wealth is a central life goal **and** that the possession of it will
　　　　　　　　　　　S″₁(진주어)　　　　　　　　　　　　　　S″₂(진주어)
increase our happiness.

물질만능주의의 영향이 아주 커서 // (~라고) 많은 사람에게 믿어지는 경향이 있다.
(상당히 무비판적으로), / 부는 인생의 중심 목표이고 부를 소유하는 것이
우리의 행복을 증진할 것이라고.

- 본래 문장의 어순은 The effect of materialism has been such that ~으로, 여기서 such that은 so great that과 같은 의미이다.
보어인 such가 문장 맨 앞으로 나와서 주어와 동사의 도치가 일어났다.
- 부사절 that절 안에 진주어인 두 개의 that절(that wealth is ~, that the possession ~)이 and로 병렬 연결되었다.

485 It is so simple / to find time to be out of your home, **(whether for a walk, for a run, or just for a phone call you take on a park bench),** // and it is imperative, **(no matter how briefly),** / for us to get sunlight.

(~은) 매우 쉽다 / 집 밖에 있을 시간을 내는 것은, (산책이든, 달리기든, 아니면
그냥 공원 벤치에서 전화를 받든 할), // 그리고 필수적이다,
(아무리 짧게라도), / 우리가 햇빛을 받는 것은.

- ✔ whether for a walk ~ bench와 no matter how briefly는 모두 문장 중간에 삽입되어, 내용을 보충하거나 부연하는 역할을 하는 삽입 어구이다.
- ✔ 두 개의 〈it is ~ to-v〉 형태의 가주어-진주어 구문이 쓰였다. and 뒤의 절에서 for us는 to get sunlight의 의미상 주어이다.
- ✔ whether A, B, or C: A이든, B이든, C이든지 간에

486 Anybody [who has been seriously engaged in scientific work of any kind] realizes //
that over the entrance to the gates of **the temple** of **science** / **are written the words**: //

장소의 부사구   =   V′   S′
YOU MUST HAVE FAITH. – Max Planck ((독일 물리학자))

누구든지 [어떤 종류이든 과학적 연구에 진지하게 종사해 온] 깨닫는다 //
과학이라는 신전의 문으로 들어가는 입구 위에 / 이 말이 적혀 있음을 //
'당신은 신념을 지녀야 한다'.
↳ 과학 연구를 하는 모든 사람은 신념이 있어야 한다.

- ✔ 동사 realizes의 목적어 역할을 하는 that절에서 장소의 부사구가 절의 맨 앞으로 나와서 주어와 동사의 도치가 일어났다.
- ✔ the temple of science에서 of는 동격 관계를 나타낸다.

487 Humanity's growing freedom from superstition / results from **the conviction [that the world is not governed by caprice,** // **but that it is a world of order / and can be understood / if we will only try hard enough and be smart enough].**

인류가 미신으로부터 점차 자유로워지는 것은 / 확신으로부터 생긴다
[세상은 변덕에 의해 지배되는 것이 아니라, // 세상은 질서로 이루어진 세상이며 / 이해될 수 있다는
/ 만약 우리가 충분히 열심히 노력하고 충분히 영리하기만 하다면].

- ✔ but으로 연결된 두 개의 that절(that the world ~ caprice, that it is ~ enough)은 the conviction의 동격절이다.
- ✔ if가 이끄는 절에서 will은 미래가 아니라 주어의 의지를 나타낸다.

488 There is good **evidence [that** the current obesity crisis is caused**, (in part),** / not by what we eat **(though this is of course vital, too)** / but by the degree [to which our food has been processed before we eat it]], // because processed soft texture of food is an important factor in weight gain. – 모의응용

충분한 증거가 있다 [현재의 비만 위기가 발생했다는, (부분적으로는,) /
우리가 먹는 것에 의해서가 아니라 (이것도 물론 중요하지만) / 정도에 의해
[우리가 먹기 전에 우리의 음식이 가공된]], // 왜냐하면 음식의 가공된 부드러운 식감이
체중 증가에 중요한 요인이기 때문이다.

489 The avocado is a pear-shaped green-fleshed fruit and is known for its health benefits, // but for some, / **the fact** [**that** there are downsides to the avocado / due to its recent trade explosion (— **massive water usage,** |or| **the potential for unethical treatment of workers in certain production areas** —)] might be a concern.

아보카도는 배 모양인 녹색 과육을 가진 과일로 그것의 건강상의 이점으로 알려져 있다. // 그러나
누군가에게는, / 사실이 [아보카도에 부정적인 면이 있다는 / 그것의 최근의 거래 폭증으로 인한
(즉, 대량의 물 사용, 또는 특정 생산지에서의 노동자들에 대한 비윤리적인 대우 가능성)] / 걱정거리일지도 모른다.

✔ the fact와 동격 관계인 that절 안에 downsides ~ avocado를 동격으로 설명하는 대시(—)로 묶인 구가 있다.

490 **It** was a tremendous moral shock / to most intelligent people // that **the proof** (**of man's having uncovered one of the innermost secrets of the universe**) should have been the making and using (of **a weapon of mass destruction, the atomic bomb**).

(~은) 엄청난 도덕적 충격이었다 / 대부분의 지성인에게 // 증거가 (인간이
우주의 가장 깊숙한 비밀 중 하나를 밝혀낸)
제작과 사용이었다는 것은 (대량 살상 무기, 즉 원자 폭탄의).

✔ the proof ~ universe에서 of는 동격 관계를 나타내며, having uncovered ~ the universe는 of의 목적어로 쓰인 동명사구로, 앞의 man's는 동명사의 의미상 주어를 나타낸다.
✔ '의외, 유감'등을 나타내는 that절에서 should는 '~하다니'의 뜻으로 쓰인다.
  e.g. It is strange that he *should* be late. (그가 늦다니 이상하다.)
✔ 콤마(,) 앞뒤의 a weapon of mass destruction과 the atomic bomb은 동격 관계이다.

491 Nineteenth-century hermeneuticians challenged **the assumption** [**that the author had any privileged insight into the meaning of his or her text**] by critically examining / the active process (entailed in reading), / |and| thus **the need (to construct rather than merely to recover meaning from a text).** – 모의응용

19세기 해석학자들은 가정에 대해 이의를 제기했다 [작가가
자신이 쓴 글의 의미에 대해 어떤 특권적 식견을 가지고 있다는] 비판적으로 고찰함으로써 /
(읽기에 수반되는) 능동적인 과정을, / 그리고 그에 따라
(글에서 단지 의미를 재발견하기보다 의미를 구성해야 할) 필요를.

✔ the assumption과 that절, the need와 to construct 이하는 각각 동격 관계를 이룬다.
✔ by 이하의 전명구에서 the active ~ reading과 the need ~ text는 critically examining에 공통으로 연결된 목적어이다.

492 However poetic, realistic, impressive, or diverting an object is, // it is not an object of art / unless it calls up in a man / the feeling, (**utterly distinct from all other feelings**), of joy, (∨ of spiritual union (with another (the author) |and| with others (listeners or spectators) [who perceive the same artistic work])).

어떤 대상이 아무리 시적이거나, 사실적이거나, 인상적이거나, 흥미로울지라도, // 그것은 예술품이 아니다
/ 만약 그것이 어떤 사람 안에서 상기시키지 않는다면 / (다른 모든 감정과 완전히 다른)
기쁨의 감정을, (즉, 정신적인 결합의 (감정) (또 다른 사람(작가) 및 다른 사람들(청중들이나 관객들)과의
[같은 예술 작품을 이해하는])).

✔ However poetic, ~ an object is = No matter how poetic, ~ an object is
✔ utterly distinct from all other feelings는 문장 중간에 삽입된 삽입어구이다.
✔ the feeling ~ of joy와 콤마(,) 이후의 내용이 동격을 이룬다. ∨ 자리에는 반복되는 어구인 the feeling이 생략되었다.

493 One of the most demanding and, (at the same time), inspiring aspects (of translating
 S
for children) / is the potential for such creativity [that arises from // what a literary
 V   C
critic has called the 'childness' of children's texts: // 'the quality of being a child / —
dynamic, imaginative, experimental, interactive and unstable.'] — 모의응용

가장 힘들면서, (동시에), 가장 고무적인 측면 중 하나는
(아동을 위한 번역에서) / 그런 창의성의 가능성이다 [~에서 생기는 //
어느 문학 평론가가 아동용 글의 '아이다움'이라고 부른 것 // 즉 '아이의 특성 /
동적(動的)이며, 상상력이 풍부하며, 실험적이며, 상호적이며, 불안정한'].

QUESTION is

해설 | 핵심 주어가 One이므로 단수동사 is가 알맞다.

✔ that 이하의 관계사절이 such creativity를 수식하고, 이 관계사절 안에서 what이 이끄는 관계사절이 전치사 from의 목적어 역할을 하는
  구조이다. the 'childness' of children's texts는 what절의 목적격보어 역할을 한다.
✔ 콜론(:) 이하는 'childness'를 부연 설명하는 동격어구이다.

494 The energy output (from solar panels or wind power engines), / where most investment
 S
happens / before they begin producing, / may need to be assessed differently
                                          V
// when ∨ compared to most fossil fuel extraction technologies, / where a large
proportion of the energy output comes much sooner, / and a larger (relative)
proportion of inputs is applied during the extraction process, / and not upfront. — 수능응용

에너지 생산은 (태양 전지판이나 풍력 기관으로부터의), / 대부분의 투자가
발생하는 / 생산을 시작하기 전에, / 다르게 평가될 필요가 있을지도 모른다
// 대부분의 화석 연료 추출 기술과 비교했을 때 /
이 기술(화석 연료 추출 기술)에서는 많은 비율의 에너지 생산이 훨씬 더 빨리 발생한다, / 그리고 더 큰 (상대적)
비율의 (에너지원) 투입이 추출 과정 중에 들어가고, / 선행 투자되지 않는다.
↳ 태양 전지판이나 풍력 기관과 같은 친환경 에너지 생산은 대부분의 화석 연료 추출 기술과 비교하면 다르게 평가되어야 할지도 모른다. 친환
  경 에너지의 경우 생산하기 전에 에너지원이 투입되는 반면, 화석 연료 추출 기술은 많은 에너지를 훨씬 더 빨리 생산할 수 있고, 생산 전이
  아닌 추출하는 중에 에너지가 더 많이 투입되기 때문이다.

✔ where가 이끄는 두 개의 관계부사절이 각각 The energy ~ engines와 most fossil ~ technologies를 선행사로 하여 부연 설명한다.
✔ ∨ 자리에는 〈주어+be동사〉인 it(= the energy ~ engines) is가 생략된 것으로 볼 수 있다.
✔ not upfront 앞에 is가 생략되어 '선행 투자되지 않는다'라는 의미를 나타낸다.

495 According to many sociologists, / the study (of what our society calls 'art') / can only
                                        S   V
really progress // if we drop the highly specific and ideologically loaded terminology (of
                                                                                       =
'art', 'artworks' and 'artists'), / and replace these with the more neutral and less
historically specific terms ('cultural forms', 'cultural products' and 'cultural producers.')
                            =   — 모의

여러 사회학자들에 따르면, / 연구가 (우리 사회가 '예술'이라고 부르는 것에 대한) /
오직 진정으로 발전할 수 있다 // 우리가 매우 특정적이며 관념적인 의미로 가득한 전문 용어를 버린다면
('예술', '예술품', 그리고 '예술가'라는), / 그리고 이것들을 더 중립적이고 역사적인 면에서 덜 특수한 용어로 대체한다면
('문화적 형식', '문화적 산물', 그리고 '문화 생산자'라는).

✔ if절의 drop ~과 replace ~가 and로 병렬 연결되었다.
✔ the highly ~ terminology와 'art', 'artworks' and 'artists'는 동격 관계이다. 여기서 of는 '~라는'의 동격 의미를 나타낸다.
✔ 'cultural forms', 'cultural products' and 'cultural producers'도 앞의 the more ~ terms의 구체적 예를 제시하는 동격어구이다.

496 The consequence of scientism is // that non-scientific approaches to reality (— including all the arts, religion, and personal, emotional, and value-laden ways of encountering the world —) may become labeled / as merely subjective, / and therefore of little account / in terms of describing the way [the world is]. −수능응용

과학만능주의의 결과는 ~이다 // 현실에 대한 비과학적 접근은
(모든 예술, 종교와 세상을 접하는 개인적, 정서적, 가치 판단적 방식을 포함하여)
분류될지도 모른다는 것 / 한낱 주관적인 것으로, / 그리고 따라서
거의 중요하지 않은 것으로 / [세상이 존재하는] 방식을 기술하는 측면에서는.

FILL-IN ①
해설 | 과학만능주의의 결과로 현실에 대한 비과학적 접근은 '한낱 주관적인 것'으로 분류될지도 모른다는 앞 내용과 and therefore로 연결되었으므로, '중요하지 않다'라는 의미의 of little account가 이어져야 적절하다.

✔ is의 보어 역할을 하는 that절의 주어는 non-scientific approaches to reality이고 동사는 may become labeled이다. 이 주어와 동사의 사이에 대시(—)로 연결된 including ~ encountering the world는 non-scientific approaches to reality를 부연 설명하는 삽입구이다.
✔ of little account는 〈of+추상명사〉 형태로, 형용사의 의미(거의 중요하지 않은)를 나타낸다.
e.g. of use = useful   of no use = useless

497 A journey through the stacks of a real library / has the possibility to be more fruitful / than a trip through today's distributed virtual archives, // because it seems difficult to use the available "search engines" / to emulate efficiently the mixture of predictable and surprising discoveries [that typically result from a physical shelf-search of an extensive library collection]. −수능응용

실제 도서관의 서가를 훑고 다니는 것이 / 더 유익할 가능성이 있다 /
오늘 분포된 가상의 기록 보관소를 뒤지는 것보다. // 왜냐하면
이용 가능한 '검색 엔진'을 사용하는 것이 어려워 보이기 때문이다 / 예측할 수 있으며 놀라운 발견들이 섞여 있는 것을
효과적으로 따라 하기 위해 [방대한 도서관 장서가 있는 서가에서 물리적으로 찾다가 흔히 나오는].

✔ because가 이끄는 부사절의 진주어는 to부정사구 to use 이하이고 it은 가주어이다.
✔ that 이하의 주격 관계대명사절이 선행사인 predictable and surprising discoveries를 수식하고 있다.

498 Since photographs did such an excellent job of representing things / as they existed in the world, // painters were freed to look inward and represent things / as they were in their imagination, / rendering emotion / in the color, volume, line, and spatial configurations (native to the painter's art). −수능

사진이 사물을 표현하는 것을 아주 훌륭하게 했기 때문에 / 사물이 세상에 존재하는 대로,
// 화가들은 자유로이 내면을 보고 사물을 표현하게 되었다 /
사물이 자신들의 상상 속에서 존재하는 대로, / 감정을 표현하면서 / 색, 양감, 선, 그리고 공간의 배치로
(화가의 그림에 고유한).

✔ such는 형용사로서 〈such+(a/an)+(형용사)+명사〉의 어순으로 쓰인다.
✔ 여기서 두 개의 as는 '~대로'라는 의미의 접속사로 쓰였다.
✔ 주절의 주어는 painters, 동사는 were freed이고 뒤에 to-v인 to look과 (to) represent가 and로 병렬 연결되었다.
✔ rendering 이하는 동시적, 연속적 동작이나 상태를 나타내는 분사구문이다.

499 So slow and painful is the process of mastering a technique, (whether of handcraftsmanship or art), / so imbued are we with the need of education (for the acquirement of knowledge), // that we are taken aback by the realization [that all around us are creatures (carrying on the most elaborate technique, / going through the most complicated procedures / and possessed of the surest knowledge / without the possibility of teaching)]. – 사관학교응용

기술을 습득하는 과정은 아주 느리고 힘들어서,
(수공예가의 손재주든 예술이든), / 우리가 (지식 습득을 위한) 교육의 필요성에 아주 고취되어 있어서
// 우리는 깨달음에 당황한다
[우리 주변에 존재들이 있다는 (가장 정교한 기술을 유지하고, /
가장 복잡한 절차를 거치며 / 가장 확실한 지식을 가진 /
교육의 가능성 없이도)].

✔ 보어(So slow and painful, so imbued)가 문장 맨 앞에 와서 주어와 동사가 도치되었으며, '아주 ~해서 …하다'라는 의미의 〈so+형용사[부사]+(a/an 명사)+that …〉이 결합된 구조이다.

✔ the realization과 that 이하의 명사절은 동격을 이룬다. 동격절의 주어인 creatures가 긴 수식어 carrying ~ teaching의 수식을 받아 길어져서 뒤로 보낸 형태이다. (부사구가 문장 앞에 와서 주어와 동사가 도치된 도치구문으로 볼 수도 있다.)

500 Investigations into the economics of information / encompass a variety of categories, (including / the costs of information and its services; / the effects of information on decision making; / the savings from effective information acquisition; / the effects of information on productivity; / and the effects of specific agencies (such as corporate, technical, or medical libraries) on the productivity of organizations). – 수능

정보의 경제학에 대한 연구는 / 다양한 범주를 포함한다.
(~을 포함하는 / 정보와 정보 서비스의 비용, / 정보가 의사 결정에 미치는 영향,
/ 효과적인 정보 습득으로 인한 절약, /
정보가 생산성에 미치는 효과, / 그리고 (기업, 기술, 혹은 의학 도서관과 같은) 특정 기관이
조직의 생산성에 미치는 영향).

✔ 목적어인 a variety of categories가 including 이하의 긴 수식어의 수식을 받는 구조이다. including의 목적어인 다섯 개의 명사구가 and로 병렬 연결되었다.